COLLECTION

DE

CARTES MURALES [DOUBLE FACE]

parlantes au recto, — muettes au verso, — avec Notices
(1m,20 de largeur sur 1m de hauteur)

PAR

P. VIDAL-LABLACHE

MAITRE DE CONFÉRENCES A L'ÉCOLE NORMALE SUPÉRIEURE, PROFESSEUR
A L'ÉCOLE NORMALE SUPÉRIEURE D'INSTITUTRICES

Notice des Cartes N°s 24 et 24bis

1° Notice ; — 2° Questionnaire avec réponses.

N° 24, PARIS CAPITALE ; N° 24 bis, LES ENVIRONS DE PARIS

Par M. Paul DUPUY

Ancien élève de l'École normale supérieure, agrégé d'histoire et de géographie.

LISTE DES CARTES MURALES

Petite collection.		Grande collection.	
		Les 8 cartes qui précèdent...	52 »
2. France. Cours d'eau......	6 50	1. Termes de géographie......	6 50
5. — Villes	6 50	6. France. Canaux........	6 50
13. Europe politique......	6 50	7. — Chemins de fer......	6 50
22. Planisphère......	6 50	9. — Provinces......	6 50
		10. — Frontière N.-E....	6 50
TOTAL 26 »		11. Algérie et Tunisie........	6 50
		14. Asie physique......	6 50
		15. — politique........	6 50
		16. Afrique physique......	6 50
Moyenne collection.		17. — politique........	6 50
		18. Continent américain phys...	6 50
Les 4 cartes qui précèdent....	26 »	19. Amérique du N. politique....	6 50
3. France. Relief du sol.......	6 50	20. — du S. politique....	6 50
4. — Départements.....	6 50	21. Océanie........	6 50
8. — Agric. et Ind....	6 50	23. Palestine et Pays d'Orient...	6 50
12. Europe physique........	6 50	24. Paris et Environs de Paris.	6 50
TOTAL 52 »		TOTAL 156 »	

Ajouter 10 francs pour le meuble destiné à renfermer les cartes ; — 2 francs
pour l'appareil de suspension ; — 1 franc pour le plateau d'emballage des cartes
expédiées sans le meuble. — 40 centimes pour la Notice.

PARIS

LIBRAIRIE CLASSIQUE ARMAND COLIN ET Cie

1, 3, 5, RUE DE MÉZIÈRES

PETITE HISTOIRE DE PARIS, *Histoire, Monuments, Administration,
Environs de Paris*, par M. FERNAND BOURNON, archiviste-paléographe, 190 gravures, 11 plans, dont 3 hors texte. 1 vol. in-12, cart.................. 1 fr. 60

COLLECTION

DE

CARTES MURALES [DOUBLE FACE]

parlantes au recto, — muettes au verso, — avec Notices
(1m,20 de largeur sur 1m de hauteur)

PAR

P. VIDAL-LABLACHE

MAÎTRE DE CONFÉRENCES A L'ÉCOLE NORMALE SUPÉRIEURE, PROFESSEUR
A L'ÉCOLE NORMALE SUPÉRIEURE D'INSTITUTRICES

Notice des Cartes Nos 24 et 24 bis

1° Notice ; — 2° Questionnaire avec réponses.

N° 24, PARIS CAPITALE ; N° 24 bis, LES ENVIRONS DE PARIS

Par M. Paul DUPUY

Ancien élève de l'École normale supérieure, agrégé d'histoire et de géographie.

LISTE DES CARTES MURALES

Petite collection.

2. France. Cours d'eau	6	50
5. — Villes	6	50
13. Europe politique	6	50
22. Planisphère	6	50
	TOTAL. 26	»

Moyenne collection.

Les 4 cartes qui précèdent	26	»
3. France. Relief du sol	6	50
4. — Départements	6	50
8. — Agric. et Ind.	6	50
12. Europe physique	6	50
	TOTAL. 52	»

Grande collection.

Les 8 cartes qui précèdent	52	»
1. Termes de géographie	6	50
6. France. Canaux	6	50
7. — Chemins de fer	6	50
9. — Provinces	6	50
10. — Frontière N.-E.	6	50
11. Algérie et Tunisie	6	50
14. Asie physique	6	50
15. — politique	6	50
16. Afrique physique	6	50
17. — politique	6	50
18. Continent américain phys.	6	50
19. Amérique du N. politique	6	50
20. — du S. politique	6	50
21. Océanie	6	50
23. Palestine et Pays d'Orient	6	50
24. Paris et Environs de Paris.	6	50
	TOTAL. 166	»

Ajouter 10 francs pour le meuble destiné à renfermer les cartes ; — 2 francs
pour l'appareil de suspension ; — 1 franc pour le plateau d'emballage des cartes
expédiées sans le meuble. — 40 centimes pour la *Notice*.

PARIS

LIBRAIRIE CLASSIQUE ARMAND COLIN ET Cie

1, 3, 5, RUE DE MÉZIÈRES

1889

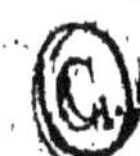

AUX MAITRES

La pensée maîtresse qui a inspiré cette publication est celle-ci : « Il est utile de munir les écoles de *cartes murales variées*, qui occupent *peu de place* et qui puissent se lire *à grande distance* ; **cartes variées**, parce que l'étude de la géographie n'est pas seulement un enseignement topographique et que la partie *économique* (chemins de fer, canaux, industrie, agriculture, etc.), doit y être largement représentée : **peu de place**, parce que les baies des larges fenêtres de nos écoles modernes occupent les surfaces autrefois disponibles ; **visibles à grande distance**, parce qu'une carte qui n'est pas imprimée en *très gros* caractères n'est pas, à proprement parler, une carte *murale*. »

Variétés des cartes, exiguïté de leur format, grosseur de leurs caractères, voilà trois nécessités qui se contrariaient. Nous pensons pourtant les avoir satisfaites à la fois.

Il n'existe **rien de semblable**, dans le matériel scolaire, à notre collection de cartes murales. Fidèles aux traditions de notre maison et aidés par les conseils du savant professeur qui a bien voulu prêter son expérience à l'exécution du travail et rédiger les notices, nous avons cherché patiemment, jusqu'à ce que nous ayons créé une œuvre vraiment nouvelle.

Les 24 cartes murales de cette collection sont **parlantes** au recto et **muettes** au verso. Leur ensemble répond à un enseignement géographique complet.

Au moment des leçons, elles seront accrochées au mur (l'appareil suspenseur est joint à la collection), ou posées sur un chevalet (les cartes sont rigides). Dans l'intervalle, elles seront renfermées dans un meuble, qui les mettra à l'abri de la poussière.

Notices. — Une *notice* correspond à chaque carte. Chaque notice comprend trois parties : A, la **notice** proprement dite ; — B, une série de **questions** substantielles *suivies de leurs réponses* ; — C, une **clef** de la carte muette.

Les cartes muettes. — Un élève ne peut se rappeler le nom et la position d'un lieu, d'un cours d'eau, d'une montagne, s'il ne fait un **effort de mémoire**. Cet effort n'existe pas si l'enfant a sous les yeux la carte *écrite* ou le *texte* de la leçon ; il **s'impose**, au contraire, si l'enfant est placé devant une carte *muette*, soit qu'il s'agisse de l'écrire [1], soit qu'il faille énoncer les lieux géographiques qu'elle représente.

Les Éditeurs.

Mode d'emploi des Cartes murales muettes (au verso). — Le maître *montrera* les localités et en demandera le nom aux élèves. Comme *exercice inverse*, le maître, muni de la « clef », pourra demander à quel nom correspond tel numéro. Ces numéros étant rangés par bandes horizontales, de gauche à droite et de haut en bas, l'élève les trouvera avec la plus grande facilité.

1. M. Foncin a obéi à la même nécessité en publiant sa collection de cartes muettes.

CARTE N° 24

PARIS CAPITALE

A. — NOTICE

I. Place de Paris dans la France.

Étendue de Paris. — La plupart des villes sont trop petites pour qu'on puisse les marquer sur les cartes avec leur forme et leur étendue : on les représente d'ordinaire par un rond qui tient plus de place qu'elles n'en tiendraient elles-mêmes et qui est mieux visible. Paris au contraire, avec ses **80 kilomètres carrés**, est assez grand pour qu'on puisse en général le marquer tel qu'il doit être ; il faudrait qu'une carte fût bien réduite pour que cela devînt impossible, et, sur les grandes cartes murales, on peut juger du premier coup d'œil la superficie que la capitale occupe par rapport au reste du pays.

Population de Paris. — Ce n'est pourtant pas la plus grande ville du monde : la capitale de l'Angleterre, *Londres, est trois ou quatre fois aussi étendue*, et en Chine, il y a des villes immenses auprès desquelles Paris paraîtrait presque petit ; mais c'est certainement, parmi toutes les grandes villes, celle où *la population est le plus pressée*, et grâce à cela, elle arrive au *second rang* par le nombre de ses habitants. Le recensement de 1886 lui en a compté tout près de 2 350 000 ; **Londres** en a plus de 3 800 000.

En Europe les autres capitales les plus peuplées, *Berlin* et *Vienne*, n'en ont que 1 300 000 et 1 200 000. Hors d'Europe, aucune ville n'atteint le chiffre de 2 millions, pas même New-York. Il n'y a au monde que *sept* villes qui aient plus d'un million d'habitants et **deux** plus de 2 millions. Paris est la seconde de celles-ci.

Supériorité de Paris sur les autres capitales. — Paris n'est pas seulement la seconde ville du monde ; c'est une capitale comme *il n'y en a pas d'autres en Europe*. Il n'y en a aucune qui joue dans son pays un rôle aussi important que Paris dans la France. En effet, dans les Iles Britanniques, il y a à côté de Londres, Édimbourg et Dublin qui sont, elles aussi, des capitales pour l'Écosse et pour l'Irlande ; en Allemagne, il y a également d'autres capitales que Berlin ; en Italie, Rome n'est pas la plus grande ville du royaume ; en Autriche, Pest est une capitale comme Vienne ; en Russie, Moscou est la capitale religieuse, comme Pétersbourg la capitale politique. Tous ces pays ont, pour ainsi dire, *plusieurs centres*. En France, au contraire, Paris est le *centre unique* du pays.

La direction politique de la France est à Paris. — Le Président de la République y habite ; la Chambre des Députés et le Sénat y ont leur siège ; la plus haute cour de justice, la *cour de Cassation* y est établie ; le *conseil d'État* y prépare les lois ; la *cour des Comptes* y vérifie les dépenses de l'État. En un mot toute la direction du pays est concentrée dans les murs de Paris, et à cause de cela même, la ville exerce sur cette direction une *très grande influence*.

Paris est le grand foyer de l'activité française. — A un autre point de vue, le commerce et l'industrie de la France y ont leur principal foyer d'activité. Nos grands ports, comme Marseille et le Havre, nos grandes villes industrielles comme Lille, Reims et Lyon, ne sont, à beaucoup d'égards, que des *succursales de Paris* : beaucoup de grands commerçants et de grands industriels de province ont un *comptoir à Paris;* on y trouve en outre d'innombrables maisons de **commission**, qui servent d'intermédiaires entre les fabricants et les acheteurs de toute la France, et même du monde : Paris est en effet un centre d'*exportation* considérable, et toutes les grandes *compagnies de navigation* françaises, anglaises, italiennes ou allemandes, dont les navires parcourent toutes les mers du globe, ont des *bureaux à Paris*.

Paris est le centre intellectuel de la France. — La science française, les lettres françaises, l'art français ne sont pour les trois quarts que *la science, les lettres et l'art parisiens.* C'est à Paris en effet que se trouvent presque **toutes les grandes écoles** du pays; c'est là en même temps que se publient *tous les ouvrages littéraires importants*, que se jouent *toutes les pièces de théâtre nouvelles*, que se produisent *toutes les œuvres d'art* qui valent la gloire à leurs auteurs. Le goût de la France et d'une partie du monde se règle sur celui de Paris; c'est à Paris que se gagnent presque toutes les grandes réputations artistiques, scientifiques et littéraires.

Paris est la grande forteresse de la France. — Au point de vue militaire, Paris est la grande forteresse dont la défense *domine tout le système militaire du pays :* toutes nos autres places fortes sont groupées entre Paris et nos frontières de l'est, comme des soldats se mettent entre l'ennemi et leur drapeau.

Paris est le plus grand client de l'agriculture française. — Au point de vue agricole même, Paris est le centre commun vers lequel presque tous les laboureurs, presque tous les vignerons, presque tous les éleveurs de la France ont les yeux tournés : *la moitié de la France travaille pour le nourrir*, en envoyant à cette énorme agglomération d'hommes les millions de kilogrammes de farine et de viande, de fruits, de légumes, qu'il lui faut pour vivre.

Paris centralise une grande partie de la vie de la France. — Chaque homme a un cerveau pour penser et pour sentir, un cœur pour faire circuler le sang, un estomac pour se nourrir ; ce sont trois organes distincts et séparés l'un de l'autre : la France est semblable à un corps *où ces trois organes se confondraient l'un dans l'autre et avec Paris*. La carte permet de se rendre compte de cela : quand on examine les **chemins de fer français**, on voit que *tous se réunissent à Paris :* cela veut dire que, dans la vie de la France, il y a *deux grands courants,* celui qui part de Paris et celui qui aboutit à Paris ; que **Paris**, en un mot, est le grand centre de la vie française.

II. Accroissements et transformations de Paris.

Excellence de l'emplacement de Paris pour une capitale. — Il a fallu de *longs siècles* pour que Paris prenne dans la France la place qu'il y occupe. Certainement Paris était très bien placé pour devenir une capitale : il est *au centre de la plus grande région de plaines de la France*, le **bassin parisien**. Dans ce bassin parisien, la Seine et ses principaux affluents, la Marne et l'Oise, forment des *routes qui se rejoignent à Paris* ou tout près de Paris. Les routes naturelles qui font communiquer le bassin parisien avec les autres régions de la France, *se rencontrent aussi dans les parages de Paris :* que l'on veuille aller du Havre à Marseille, par la Seine, les passages de la Bourgogne et le Rhône, — ou de Bordeaux à Lille, par le passage du Poitou, l'Oise et la trouée de l'Oise : il faut toujours passer à Paris ou près de Paris. C'est aussi dans la direction de Paris que s'ouvrent les deux grandes routes intérieures du Massif central, la vallée de l'Allier et la haute vallée de la Loire. Tout cela a beaucoup contribué à la prospérité et à la grandeur de Paris.

Le sol de Paris était propre à la construction d'une grande ville. — Paris a en outre trouvé dans son sol même ou dans celui de ses environs, *tous les matériaux nécessaires à la construction d'une grande ville :* du *plâtre* dans les collines du nord de la Seine, de la **pierre de taille** dans les plateaux du sud, du *sable* partout où le fleuve avait étendu autrefois ses eaux, du *bois* dans les grandes forêts qui l'environnaient de toutes parts (Compiègne au nord, Fontainebleau à l'est, Senart au sud, Saint-Germain à l'ouest), et dont les *bois de Boulogne et de Vincennes* sont des débris, aux portes mêmes des fortifications. Cela a permis à Paris de se développer très rapidement, à une époque où les transports étaient bien plus difficiles et plus coûteux qu'aujourd'hui, et où c'était un avantage inappréciable d'avoir sous la main tout ce qu'il fallait pour bâtir.

La grandeur de Paris a dépendu de celle des rois capétiens. — Paris doit donc beaucoup à la nature, mais tous ces avantages ne lui ont été profitables qu'à partir du jour où le maître de Paris, *le duc de France,* **a été élu roi** par les autres seigneurs, et où la famille capétienne s'est mise à l'œuvre pour conserver héréditairement la royauté, et rattacher à ses domaines royaux les autres provinces françaises. Auparavant Paris n'était qu'une ville *comme il y en avait beaucoup d'autres* sur le territoire de la France.

Paris, ville gauloise sous le nom de

Lutèce. — Elle était pourtant *très ancienne*. Tout le monde sait que son nom lui vient d'un petit peuple gaulois, les **Parisiens** (*Parisii*), dont le conquérant de la Gaule, *Jules César*, a conservé le souvenir, dans les *Commentaires* où il a raconté lui-même ses conquêtes. Les Parisiens avaient leur ville dans une île de la Seine qui s'appelait **Lutèce**, et qui est aujourd'hui l'*île de la Cité*, celle où se trouvent le Palais de Justice et la cathédrale de Notre-Dame.

Le changement de nom de Lutèce. — Comme la plupart des anciennes villes gauloises, Lutèce a échangé son vieux nom gaulois contre *celui du peuple dont elle était la capitale;* ainsi *Avaricum*, la capitale des **Bituriges**, est devenue **Bourges**; *Samarobriva*, la ville des **Ambiens**, est devenue **Amiens**; *Durocortorum*, la ville des **Rêmes**, est devenue **Reims**; de même *Lutèce* est devenue **Paris**, et l'île où elle était prit le nom de *Cité*, parce que Lutèce était, comme disaient les Romains, **la cité des Parisiens.**

Le camp romain de Paris. — Pendant le temps que la Gaule fut une province de l'empire romain, Lutèce commença à grandir. Les Romains n'avaient guère que *trois ou quatre mille soldats pour garder toute la Gaule;* aussi choisissaient-ils avec grand soin les positions stratégiques où ils les établissaient. Ils virent *combien celle de Lutèce était avantageuse*, et, en face de l'île, sur les hauteurs de la rive gauche où s'élève aujourd'hui le Panthéon, ils établirent un *camp*.

Accroissement de Paris sous les Romains. — Cependant le *commerce* de la ville se développait, grâce à sa bonne situation : elle avait une corporation de *bateliers* qui transportaient les marchandises sur la Seine et sur ses affluents. Sa population pouvait bien monter à *huit ou dix mille* habitants, quand il s'y passa un événement important, grâce auquel son nom fut répandu dans tout le monde romain. Les soldats du camp, en 361, *proclamèrent empereur leur général*, **Julien**, et Julien résida assez souvent à Lutèce : cette petite ville de garnison fut pour un temps la *ville impériale de la Gaule*.

Paris ne fut jamais la plus grande ville de la Gaule romaine. — On ne pouvait pourtant la comparer ni pour la grandeur, ni pour la beauté, ni pour la richesse avec la très ancienne *colonie grecque* de **Marseille**, pas plus qu'aux *villes romaines* construites depuis longtemps dans le Midi : *Aix*, *Vienne*, *Nîmes*, *Arles*, **Narbonne** surtout, où il y eut plus de cent mille habitants. Il y avait même d'autres *villes gauloises* qui, depuis la conquête de Jules César, avaient grandi beaucoup plus que Paris : *Autun*, par exemple, ou **Lyon**, *la vraie capitale de la Gaule romaine*.

Conversion des Parisiens au christianisme. — En même temps que Paris devenait une *ville impériale*, il devenait une *ville chrétienne*. C'est vers le milieu du troisième siècle que **saint Denis** y arriva de Rome, y prêcha le premier la religion chrétienne, et subit le martyre sur une colline située au nord-ouest de la ville, et qui est aujourd'hui *Montmartre*. Beaucoup d'autres chrétiens y furent suppliciés après lui, si bien que le nom de cette colline parait signifier *mont des martyrs*. Malgré la persécution, le christianisme finit par triompher à Paris, comme dans le reste de l'empire romain, et il est certain que, dès le milieu du quatrième siècle, il y avait à la place des anciens temples de Lutèce une *petite église chrétienne* qui est devenue plus tard *Notre-Dame*.

Sainte Geneviève patronne de Paris. — A ces premiers temps du christianisme parisien, se rattache la légende de *sainte Geneviève*, d'après laquelle cette jeune fille, d'un village voisin de Paris, *Nanterre*, réussit par sa sainteté et ses prières, à obtenir du ciel que le roi des Huns, *Attila*, ne passât point par Paris. C'est pour cela qu'elle en est honorée comme la *patronne*. Geneviève vivait encore et était l'objet de la vénération des Parisiens, quand la ville devint, à la fin du cinquième siècle, *la capitale du roi franc* Clovis.

Paris capitale du pays des Francs. — Ce roi barbare, une fois maître de tout le nord de la Gaule, ne pouvait pas choisir pour résidence une ville *mieux située que Paris*. Il y fut aussi attiré par le *souvenir de l'empereur Julien*, dont il habita le palais.

Ainsi les événements continuèrent à favoriser la petite Lutèce : *Attila l'avait épargnée*, et voilà que le fondateur de la royauté franque y établissait *sa capitale*. Paris devint le cœur même du pays des Francs, et le nom de **France** s'appliqua d'abord à la région qui, de l'Oise à la Marne, *entoure Paris du côté du Nord*. Clovis avait construit, sur la montagne où se trouvait autrefois le camp romain, une *église* où il fut enterré, et qui prit le nom de *Sainte-Geneviève* après qu'on y eut mis le tombeau de la sainte ; le fils de Clovis, *Childebert*, fonda près de la ville le monastère de *Saint-Germain-des-Prés*, où lui et beaucoup d'autres princes mérovingiens furent enterrés.

De l'autre côté de la Seine, *Dagobert* fonda une autre abbaye en l'honneur du martyr *saint Denis*, et il y eut sa sépulture. Tous les souvenirs de l'histoire montrent que Paris était devenu, sous les Mérovingiens, la véritable capitale de la Gaule occidentale, ou *Neustrie*.

Les comtes de Paris. — Mais elle était encore loin d'être la capitale de toute la Gaule. Elle perdit même beaucoup d'importance sous les Carlovingiens qui n'y résidèrent pas. A partir de Charlemagne, il n'y eut plus dans la ville qu'un *comte* chargé de gouverner le pays pour l'empereur. Sous les faibles successeurs de Charlemagne, *les comtes devinrent indépendants* et se succédèrent de père en fils. Ils surent défendre leur ville contre les *Normands*; l'un d'eux, **Eudes**, y fut assiégé pendant un an (885 à 886) par ces barbares, et sa bravoure fut cause que les autres seigneurs de l'ancienne Gaule le *choisirent pour roi*, à la place de l'arrière-petit-fils de Charlemagne, Charles le Gros, qui donnait de l'argent aux Normands pour les faire partir.

Les comtes de Paris deviennent ducs et rois de France. — Dès lors les seigneurs élurent les rois, et ils les choisirent tantôt parmi les princes carlovingiens, tantôt parmi ceux de la famille d'Eudes qui ne s'appelaient plus seulement les comtes de Paris, mais les *ducs de France*. A partir d'Hugues Capet, les ducs de France eurent soin de faire élire et sacrer leur fils *de leur vivant;* ils furent donc *rois de père en fils*, et cette règle de succession s'établit assez vite pour que, dès le règne de *Philippe-Auguste*, l'élection anticipée devint inutile. **La royauté fut dès lors établie pour toujours à Paris**, et en même temps que les successeurs d'Hugues Capet devinrent les maîtres de toute la France, Paris devint la *capitale de toute la France*.

Paris grandit sous les premiers rois capétiens. — Paris avait été en grande partie *détruit par les Normands* pendant le siège de 885. Les faubourgs du nord et du sud avaient été abandonnés, et tout le monde s'était réfugié dans la Cité. Paris commença de nouveau à grandir sous les ducs et rois de France. *Le faubourg du sud se reconstruisit*, et, du côté du nord où il n'y avait eu jusqu'alors que fort peu de maisons, il se forma un *faubourg plus important* encore, et qui devait croître bien plus rapidement que celui du sud.

Le commerce des *bateliers de Lutèce* prit un grand essor grâce à la bonne police et aux faveurs des rois, si bien que la corporation des **marchands de l'eau** a eu l'honneur de donner à la ville son **bateau** pour *emblème*. Le premier, *Louis VI* très probablement, entoura Paris d'une *enceinte* dont il ne reste rien ; au nord elle ne dépassait pas, sans doute, la *rue de Rivoli*, et au sud le *boulevard Saint-Germain*.

Les enceintes successives de Paris. — 1º L'enceinte de Philippe-Auguste. — Moins d'un siècle après, son petit-fils, **Philippe-Auguste,** dut élargir cette enceinte. Au nord, il lui fit envelopper l'endroit où s'établirent pour toujours les *Halles;* au sud, il enferma dans Paris la *montagne Sainte-Geneviève.* A la porte de la ville, il se construisit le château et le donjon du **Louvre.**

2º L'enceinte d'Étienne Marcel et de Charles V. — Moins de deux siècles après Philippe-Auguste, la muraille qu'il avait construite ne marquait plus du tout les limites de la ville. Il y avait *autant de maisons dehors que dedans,* surtout sur la rive droite. Aussi, au plus fort des malheurs que causèrent la guerre de Cent Ans et les guerres civiles dont elle fut accompagnée, fallut-il songer à *protéger les constructions nouvelles* par une *enceinte plus large.* L'homme qui la construisit est bien connu dans l'histoire. C'est **Étienne Marcel.**

On peut suivre une partie de l'enceinte d'Étienne Marcel sur la carte : elle quittait la Seine à l'endroit où le *canal Saint-Martin* la rejoint; ce canal même a été, jusqu'à la place de la Bastille, établi dans l'ancien fossé d'Étienne Marcel ; à partir de la place de la Bastille, elle suivait à peu près, jusqu'à la hauteur actuelle du boulevard Sébastopol, la grosse ligne jaune qui indique les *grands boulevards* Beaumarchais, des Filles-du-Calvaire, du Temple, Saint-Martin; puis elle allait rejoindre directement la Seine, vers le *pont des Saints-Pères,* en *enveloppant le Louvre* qui, depuis Philippe-Auguste, était hors de la ville.

Charles V compléta l'enceinte d'Étienne Marcel en

faisant du *Louvre* une *forteresse formidable*, et en élevant un château fort énorme, célèbre sous le nom de **Bastille**, à la porte Saint-Antoine.

3° L'enceinte de Louis XIII. — L'enceinte de Charles V et d'Étienne Marcel demeura intacte jusqu'au dix-septième siècle. *Louis XIII* et *Richelieu* en démolirent une partie pour la reporter plus à l'ouest, et enfermer dans Paris l'un le *jardin et le palais des Tuileries*, l'autre son propre palais, aujourd'hui le *Palais Royal*. Les nouvelles fortifications achevèrent alors de suivre la ligne jaune qui marque les boulevards et rejoint la Seine à la place de la Concorde.

4° L'enceinte de Louis XVI. — Pendant les règnes de Louis XIV et de Louis XV, les faubourgs de Paris prirent un tel développement, que les murailles finirent par *disparaître au milieu des maisons et des rues*. C'était au nord le *faubourg Saint-Honoré*, le *faubourg Montmartre*, le *faubourg Saint-Denis*, le *faubourg Saint-Martin*, le *faubourg du Temple*, le *faubourg Saint-Antoine* ; au sud, le *faubourg Saint-Victor*, où l'on voit maintenant la *Halle aux vins* et le *Jardin des plantes* ; le *faubourg Saint-Marcel*, traversé par la Bièvre ; le *faubourg Saint-Jacques*, derrière le quartier latin ; le *faubourg Saint-Germain*, en face du Louvre.

Louis XVI enferma ces faubourgs dans Paris en construisant une nouvelle enceinte dont la place est suivie aujourd'hui par les *boulevards extérieurs*, dont la ligne jaune paraît nettement sur la carte.

Les fortifications. — Aux portes de l'enceinte de Louis XVI, il se forma pendant la première moitié du dix-neuvième siècle une ceinture de villages : *Auteuil, Passy, Chaillot, les Batignolles, Montmartre, la Chapelle, la Villette, Belleville, Ménilmontant, Charonne, Bercy, Montrouge, Vaugirard et Grenelle*, dont la réunion fut préparée dès 1840, lorsque **M. Thiers** fit construire autour de Paris une **enceinte fortifiée** qui englobait ces importants faubourgs. Mais, *jusqu'en 1861, le mur de Louis XVI subsista*, et seulement alors l'octroi de la ville fut reporté aux fortifications. Paris eut dès lors la superficie de près de 8 000 *hectares* qu'il a conservée.

Accroissements de la population de Paris. — Aux accroissements territoriaux de Paris correspond naturellement une *augmentation constante* du nombre des habitants. Il n'y avait pas plus de *huit ou dix mille habitants* du temps de l'*empereur Julien*. L'enceinte de *Philippe-Auguste* en renferma 130 000, et celle de Charles V, 150 000. A la fin du dix-huitième siècle, il y en avait 600 000 dans les murs de *Louis XVI;* moins de cinquante ans après *le million était* dépassé. Lorsqu'en 1861 l'octroi fut reporté aux fortifications, le chiffre s'éleva à 1 700 000 ; et, depuis 27 ans, il s'y est encore ajouté 650 000 habitants, qui font tout près de 2 350 000.

Causes du rapide accroissement de la population de Paris au dix-neuvième siècle. — On voit donc que, sur le chiffre actuel de la population de Paris, *près des deux tiers ont été acquis pendant ce siècle.* Cela tient à ce que, depuis la Révolution, le rôle de Paris dans la vie de la France a pris l'importance capitale qui a été signalée en commençant. La plupart des grands événements de la Révolution ont été l'ouvrage de Paris; ainsi la *destruction de la Bastille* (14 juillet 1793) le *détrônement de Louis XVI* (10 août 1792). Depuis, Paris a continué d'exercer une influence décisive sur les destinées de la France : *il a renversé Charles X en 1830, Louis-Philippe en 1848, Napoléon III en 1870.* Il est devenu ainsi pour toute la France un *centre de direction et d'attraction d'une puissance extraordinaire ;* son action s'exerce même sur des pays étrangers voisins comme la Belgique. L'établissement des têtes de lignes ferrées, à Paris, sous Louis-Philippe a porté cette puissance d'attraction à son suprême degré.

Le vieux Paris et le Paris moderne. — Paris n'a pas seulement grandi au dix-neuvième siècle d'une manière extraordinaire, il s'est aussi *transformé* d'une façon plus extraordinaire encore : c'est une **ville neuve** où le passé n'a laissé que des *vestiges* au milieu des constructions récentes.

Les monuments de l'antiquité et du moyen âge. — Des belles constructions romaines, il ne subsiste que les ruines du palais de l'empereur *Julien*, dans les jardins du *Musée de Cluny;* c'est ce que l'on appelle le **Palais des Thermes** ; et des restes d'*arènes* retrouvées sous la *rue Monge.*

Les invasions normandes ayant ruiné le Paris romain et mérovingien, les ducs de France et les rois capétiens, le *reconstruisirent* véritablement. **Saint-Germain-des-Prés**, reconstruit à la place de l'église de Childebert, fut commencé au onzième siècle. Il y a aussi, dans l'hôpital de l'Hôtel-Dieu, une chapelle appelée **Saint-Julien-le-Pauvre**, dont les parties les plus anciennes proviennent d'une reconstruction du onzième siècle.

Vient ensuite l'*église de Montmartre*, chapelle d'une abbaye fondée hors Paris par le roi *Louis VI*, au commencement du douzième siècle. La chapelle de l'*abbaye de Saint-Martin-des-Champs*, qui était aussi hors Paris à cette époque, date également du douzième siècle. Mais la construction la plus importante d'alors est celle du chœur de Notre-Dame.

Au treizième siècle, *Philippe-Auguste* construisit le **Louvre**, dont il n'y a plus trace, et acheva **Notre-Dame**. *Louis IX* bâtit la **Sainte-Chapelle**, le chef-d'œuvre de l'architecture gothique.

Le quinzième siècle, *époque de calme* entre la guerre de Cent Ans et les guerres de religion, vit s'élever de nombreuses et belles constructions. L'église *Saint-Nicolas-des-Champs*, *Saint-Germain-l'Auxerrois*, *Saint-Gervais*, la **tour Saint-Jacques**, la *tour de Jean-sans-Peur*, débris de l'hôtel des ducs de Bourgogne, l'*hôtel de Sens*, le **Musée de Cluny**, sont les principaux monuments que Paris ait conservés de cette époque.

Monuments de la Renaissance. — A l'époque de la Renaissance, Paris se remplit de superbes bâtisses d'un caractère nouveau, inspiré de l'art grec et romain. C'est d'alors que date le **nouveau Louvre**, auquel travaillèrent François Ier, Henri II et ses fils, Henri IV, Louis XIII et Louis XIV. Catherine de Médicis bâtit les *Tuileries*, brûlées en 1871. Henri III et Henri IV construisirent le **Pont-Neuf**, le premier sur lequel il n'y ait pas eu de maisons, et l'un des plus beaux du monde. Sous François Ier, la ville se fit bâtir un **hôtel de ville**, dont l'hôtel actuel est la reproduction agrandie.

Monuments du dix-septième et du dix-huitième siècle. — La transformation de Paris se continua pendant tout le dix-septième et le dix-huitième siècle, où l'on vit paraître successivement dans les constructions les styles Louis XIII, Louis XIV, Louis XV, Louis XVI. Les principaux spécimens du style Louis XIII, sont la *place Royale* et le *Luxembourg* ; du style Louis XIV, la *colonnade du Louvre* le *Val-de-Grâce*, les **Invalides** et la *place Vendôme ;* du *style Louis XV*, la *place de la Concorde* et l'**École militaire** ; du *style Louis XVI*, le **Panthéon** et la *Monnaie.*

La Révolution. — La Révolution *fit disparaître* dans ses troubles *beaucoup de monuments remarquables* du vieux Paris, et d'innombrables œuvres d'art ; mais en même temps elle déblaya le terrain pour les grandes transformations du dix-neuvième siècle, en supprimant les innombrables et énormes *couvents*, qui occupaient alors au moins *le quart de la ville*.

Transformation de Paris au dix-neuvième siècle. — Napoléon III. — Pourtant les grands changements ne commencèrent pas tout de suite après la Révolution. Jusqu'au règne de Napoléon III, il n'y a à signaler d'important que la construction de l'Arc de Triomphe, celle de la *Madeleine*, de la *colonne de la Bastille*, les commencements de l'éclairage au gaz, et l'établissement des *premières gares de chemin de fer*.

Le second empire. — C'est le règne de Napoléon III qui a commencé la dernière et définitive transformation de Paris.

La plupart des larges lignes jaunes marquées sur la carte indiquent des rues ouvertes sous Napoléon III, ou depuis sa chute, car l'œuvre entreprise avant 1870 a été continuée depuis par la **République**, étendue aux quartiers excentriques où la population ouvrière a besoin plus que toute autre d'air, d'espace et de lumière. Toutes ces voies nouvelles ont un *caractère majestueux*, qu'on ne retrouve au même degré dans aucune autre ville du monde ; beaucoup sont plantées d'arbres ; partout de blanches maisons de pierre les bordent de leurs cinq étages. Ces maisons nouvelles se sont multipliées d'ailleurs jusque dans les rues les plus anciennes, et l'aspect général de Paris a été bien plus modifié par cela que par la construction des grands monuments contemporains, plus vastes en général et plus luxueux que vraiment beaux.

Parmi ceux-ci, il faut compter beaucoup d'églises, comme la *Trinité* et *Saint-Augustin*; des théâtres, dont le principal est l'Opéra, des ponts nouveaux, ou d'anciens ponts reconstruits, de grands bâtiments où le *fer* et la *fonte* jouent le rôle principal, comme les Halles, le *Palais de l'Industrie*, les *grandes gares* de chemins de fer. Tous ces édifices datent du second empire. Sous le second empire aussi on entreprit de *restaurer les monuments* qui subsistaient du *moyen âge* et de leur restituer leur aspect primitif ; c'est ainsi que *Notre-Dame* et *la Sainte-Chapelle furent restaurées.*

Les destructions de 1871. — Entre le second empire et la République, les années 1870-71 marquent une triste période intermédiaire. Paris est *assiégé*, et les boulets allemands ravagent sa rive gauche. Après le siège, la guerre civile éclate, et se termine au milieu d'*incendies* qui détruisent quelques-uns de nos plus beaux et de nos plus anciens monuments : les Tuileries, l'*Hôtel de Ville*, le *Palais Royal*, et le *Palais de Justice*.

Grandes constructions publiques depuis 1871. — Depuis 1871, on s'est appliqué à réparer ces destructions ; la plupart ont été effacées, l'*Hôtel de Ville* a été *reconstruit* plus beau qu'auparavant, le Palais de Justice et le Palais Royal ont repris leur ancien aspect, mais les *Tuileries ont disparu*, et la *Cour des Comptes* dresse toujours ses *ruines* sur le bord de la Seine.

Il faut dire d'ailleurs que les principaux efforts de la République ont porté sur les *monuments utiles* et non sur les monuments de luxe : elle a refait l'*Hôtel des Postes*, elle a achevé l'*Hôtel-Dieu*, et construit *d'autres hôpitaux nouveaux ;* elle a surtout donné tous ses soins aux établissements d'instruction : le *Jardin des Plantes* a reçu de nouvelles et superbes galeries, l'*École de Pharmacie* a été reconstruite, l'*École de Médecine* agrandie dans des proportions énormes, l'*École centrale des Arts et manufactures* refaite entièrement ; la *Sorbonne* se rebâtit sur un plan grandiose ; de *nouveaux lycées* ont été créés, et d'anciens reconstruits ; enfin et surtout la ville de Paris a fait les plus grands sacrifices pour avoir de **nombreuses** et belles écoles primaires, où tous ses enfants puissent trouver leur place et respirer au large.

Comment se mêlent l'ancien et le nouveau Paris. — On voit que l'aspect actuel de Paris n'est pas autant que son rôle en France le résultat de plusieurs siècles d'histoire. Paris a été *refait* en quelque sorte *pendant les trente dernières années*. Ce qu'il offre aux yeux tout d'abord, ce sont ses larges rues, ses boulevards plus larges encore, tout plantés d'arbres, tracés en droite ligne, ses quais de pierre où la Seine reste toujours enfermée, même pendant les plus hautes eaux, ses ponts innombrables construits tous en ce siècle à l'exception de quatre. Derrière ce vaste décor *se cachent les rues anciennes*, quelques unes aussi vieilles que Paris lui-même, mais pour la plupart bien transformées, et éventrées par les percées récentes.

III. La vie du Paris moderne.

Topographie de Paris. — Dans l'état actuel, Paris offre une *surface* assez accidentée. On a vu que dès l'antiquité, il avait escaladé les pentes de la *Montagne Sainte-Geneviève* et du *plateau* qui, sur la *rive gauche*, se prolonge derrière cette montagne. L'altitude de ces quartiers favorisait l'établissement militaire des Romains. Lorsque Paris devint une ville de commerce, il se développa surtout sur la *rive droite* où un *vaste espace plat* s'offrait à l'établissement de rues facilement praticables; il remplissait entièrement cet espace plat quand fut construite l'enceinte de Louis XVI, et commençait même alors à s'étendre sur les *hauteurs* qui le bordent au *nord-ouest*, tandis que, de l'autre côté de la Seine, il descendait dans la *vaste plaine de Grenelle*, autour des Invalides et de l'école Militaire. Aujourd'hui, la *rive droite* est enveloppée de toutes parts par un *cercle de quartiers élevés*, *Auteuil* et *Passy*, baignent leurs pentes dans la Seine, la haute *plaine Monceau*, les *Batignolles*, dominées par la **butte Montmartre**, *La Chapelle* et *la Villette* où se creuse le passage du canal Saint-Martin, *Belleville*, *Ménilmontant* et *Charonne* couronnés par la verdure des **Buttes Chaumont** et du **cimetière de l'Est** (Père Lachaise). Entre Charonne et la Seine s'étend une *plaine assez large*, où se sont développés le *faubourg Saint-Antoine* et *Bercy*.

Sur la rive gauche, les quartiers élevés occupent la plus grande place : ils laissent le *long de la Seine*, au moment de son *entrée dans Paris*, une *zone basse assez étroite*, où sont établis le *chemin de fer d'Orléans*, le *Jardin des Plantes* et le **boulevard Saint-Germain**. Au sud de cette zone, les pentes s'élèvent rapidement et aboutissent à un plateau que la vallée de la **Bièvre** coupe en deux, et qui s'étend jusqu'au *jardin du Luxembourg* et au *cimetière du Sud*. Plus à l'ouest, le sol s'abaisse peu à peu et finit par les **vastes plaines** que caractérisent l'*esplanade des Invalides* et le *Champ de Mars*.

Les rues de Paris. — Classement des principales. — Sur cette surface très inégale, s'étale un *réseau de rues* au nombre de près de **4 000**. Elles ont en tout une longueur de près de **1 000** kilomètres, à peu près celle du chemin de fer du Havre à Marseille par Paris et Lyon. Il serait difficile d'établir entre elles une classification complète d'après leur direction : elles s'enchevêtrent dans tous les sens. Pourtant on peut distinguer parmi les principales :

1° Celles qui sont *parallèles à la Seine* et celles qui lui sont *transversales* ; parmi elles figurent quelques-unes des plus anciennes ;

2° Celles qui forment des *anneaux concentriques* et marquent ainsi à la fois la limite des quartiers bas et des quartiers hauts, et les enceintes successives de Paris;

3° Celles qui *divergent du centre aux extrémités*, rattachent les vieux quartiers aux nouveaux et se poursuivent hors Paris par des routes importantes.

Rues parallèles et transversales à la Seine. — Dans la première catégorie se placent *deux grandes artères perpendiculaires l'une à l'autre :* l'une, venant de Vincennes, va du sud-est au nord-ouest, de la porte de Vincennes à la porte Maillot, par le *faubourg et la rue Saint-Antoine*, la **rue** de **Rivoli**, l'*avenue des Champs-Élysées* et celle de la *Grande-Armée;* elle se prolonge ensuite par la route de Neuilly, vers Courbevoie et Saint-Germain. Elle est doublée dans sa partie occidentale par la *vieille rue Saint-Honoré* et le *faubourg* du même nom.

L'autre, venant d'Orléans, entre dans Paris au sud par la porte du même nom, forme l'*avenue d'Orléans*, la vieille *rue d'Enfer*, les **boulevards** récents de **Saint-Michel**, sur la rive gauche, du *Palais*, dans la Cité, de **Sébastopol** et de *Strasbourg*, sur la rive droite, et aboutit à la gare de l'Est. Elle est doublée au sud de la Seine par la plus vieille rue de Paris, la **rue Saint-Jacques**, et au nord par deux rues également fort anciennes, la *rue Saint-Denis* et la *rue Saint-Martin*, que leurs faubourgs amènent jusqu'aux fortifications et qui se prolongent au delà, l'une par la route de Saint-Denis, l'autre par celle d'Aubervilliers.

Rues concentriques. — Les grands boulevards. — Dans la seconde catégorie, se place d'abord, au *nord de la Seine*, la ligne des **grands boulevards**, établis le long de l'enceinte de Charles V et de Louis XIII, et marquant le *point de départ de toutes les montées* vers les quartiers excentriques. Ces boulevards n'ont, à vrai dire, *pas de pendant sur la rive gauche;* l'ancienne enceinte de Charles V, qui a subsisté jusqu'en 1784, n'est marquée que par des rues étroites ; mais on a récemment percé le grand **boulevard Saint-Germain**, qui va de la Seine à la Seine, en passant au pied des quartiers élevés du sud, et se rattache aux boulevards du nord, d'une part, par le *pont* et le *boulevard Henri IV*, d'autre part, par le *pont de la Concorde* et la *rue Royale*. Il est doublé au sud par une série d'autres boulevards récents qui vont du pont d'Austerlitz aux Invalides ; boulevard *Saint-Marcel*, de *Port-Royal*, du *Montparnasse* et des *Invalides*.

Les boulevards extérieurs. — Enfin, le long des murs de 1784, s'est formé ce que l'on appelle les **boulevards extérieurs**, plus larges du double que les autres, et au delà desquels se trouvent les *quartiers véritablement excentriques*.

Ils traversent la Seine au *pont de Bercy* et au *pont d'Iéna*. Les principaux sont : au nord, les boulevards de *Courcelles*, des *Batignolles*, de *Clichy*, de la *Chapelle*, de la *Villette*, de *Belleville*, de *Ménilmontant*, de *Charonne*, de *Reuilly* et de *Bercy ;* au sud, ceux de la *Gare*, d'*Italie*, d'*Enfer*, *Edgar Quinet*, de *Vaugirard* et de *Grenelle*.

Au delà des boulevards extérieurs, on a percé de *longues rues nouvelles* qui leur sont parallèles et relient entre eux les quartiers annexés en 1861. C'est, au nord, la *rue Marcadet* et la *rue Riquet ;* à l'est, la *rue des Pyrénées ;* au sud, les *rues* de *Tolbiac*, d'*Alésia*, de *l'abbé Groult* et des *Entrepreneurs*.

Les rues divergentes. — Rues partant du vieux Paris. — Dans la troisième catégorie, on distingue d'abord les *rues qui partent du vieux Paris*. Les principales sont, au nord, la **rue Montmartre**, qui, des Halles, aboutit par la rude *montée des Martyrs*, aux boulevards extérieurs ;

La **rue du Temple**, qui part de l'*Hôtel de Ville*, et, par la *montée de Belleville*, s'en va vers Romainville ;

La **rue Monge**, qui part de la *place Maubert*, et, par la *montée des Gobelins*, aboutit à l'avenue et à la route d'Italie ;

La longue **rue de Vaugirard**, qui, du vieux *quartier latin*, file vers Vanves ;

La *rue de Sèvres*, qui, du *quartier Saint-Germain*, va à Issy, à travers la plaine de Grenelle, où elle prend le nom de rue Lecourbe.

Rues qui partent du quartier de la Madeleine et de l'Opéra. — A mesure que Paris a grandi, son centre s'est, surtout de notre temps, *transporté vers l'ouest ;* on peut dire aujourd'hui que le cœur de Paris, au point de vue des affaires, de l'animation, de la richesse, n'est plus à l'Hôtel de Ville, mais à *l'extrémité occidentale des boulevards*, où se trouvent l'**Opéra** et la **Madeleine**.

De cette région partent, vers l'ouest, le **boulevard Haussmann**, qui aboutit, par l'*avenue de Friedland*, à l'Arc de Triomphe, et se poursuit au delà par l'*avenue du bois de Boulogne ;*

Vers le nord-ouest, le **boulevard Malesherbes**, qui se poursuit par la route d'Asnières ;

Vers le nord-est, l'immense **rue Lafayette**, qui, par la rue d'Allemagne, traverse la Villette et aboutit à Pantin.

Autres rues importantes de Paris. — Il y aurait encore *bien d'autres rues importantes* à citer, comme l'avenue de l'**Opéra** et la *rue Richelieu*, entre la rue de Rivoli et les grands boulevards ; — la *rue Turbigo*, des Halles à la place de la République ; — la *rue Étienne-Marcel*, du boulevard Sébastopol à la place des Victoires ; les *grandes avenues neuves* qui traversent dans tous les sens le quartier de l'Arc de Triomphe ; mais le réseau des rues de Paris est si compliqué, qu'il est plus simple de s'en tenir à celles qui ont été classées plus haut.

Les jardins, les parcs, les arbres de

Paris. — Dans leur ensemble, les rues et boulevards de Paris couvrent plus du *cinquième de sa superficie totale*. Cela seul permet de juger comme elles sont, en moyenne, larges et spacieuses, comme elles rendent la ville claire et bien aérée. Mais elles n'y contribuent pas seules; des **jardins publics** font encore de *vastes espaces libres*, au milieu du dédale des rues. Quelques-uns de ces jardins comme celui des *Tuileries*, celui du *Luxembourg*, le le **parc Monceau**, les **buttes Chaumont**, le *parc de Montsouris* peuvent se comparer, pour leur étendue, aux plus beaux parcs de la campagne. Leurs arbres, joints à ceux qui sont plantés le long des boulevards et des avenues, forment une **véritable forêt** de *cent mille arbres* disséminée à travers Paris. Ce n'est pas tout encore : aux portes mêmes de la ville, ses deux propriétés du **bois de Boulogne** et du *bois de Vincennes* augmentent d'environ un quart sa superficie ; ce sont les deux promenades préférées, l'une pour les quartiers riches de l'ouest, l'autre pour les quartiers ouvriers de l'est, et elles y tiennent une place de premier ordre dans *l'aménagement hygiénique de la ville*.

La toilette de Paris. — Rues, boulevards, parcs et squares sont *entretenus avec un soin* qui n'est égalé dans aucune autre ville du monde : on sent que *c'est là le véritable luxe de Paris*. La ville a fondé, pour les orner, des *serres* admirables où poussent les plantes les plus belles, et elle a à sa disposition une véritable *armée de jardiniers*. Plus nombreux encore sont les *balayeurs*, enrégimentés comme des soldats, et qui, de nuit et de jour, se partagent les différents quartiers. Un *arrosage extraordinairement abondant* leur permet d'obtenir une propreté qui rehausse encore l'aspect élégant de la ville.

Dix mille bouches d'eau, placées le long des trottoirs, peuvent fournir par jour, pendant les fortes chaleurs, plus de **175 millions** de litres d'eau, qui courent sur les chaussées et dans les ruisseaux, en entraînant avec eux tout ce qui souille la voie publique.

Comme les arbres de Paris font une vraie forêt, ses ruisseaux constituent un *vrai fleuve* qui s'engouffre dans un **réseau d'égouts**, le plus beau et le plus complet qui existe au monde.

Les égouts de Paris. — C'est tout une *ville souterraine*, dont les rues sont presque aussi longues que celles de la ville supérieure. Qu'on se figure 850 *kilomètres* de passages voûtés, abritant des ruisseaux d'eaux sales, parfois même des rivières assez larges pour qu'on y puisse circuler en bateau ; des cascades y tombent par les innombrables ouvertures ménagées sous les trottoirs ; aux murs sont attachés des *tuyaux de toute sorte*, les uns pour le passage du gaz, les autres pour celui de l'eau propre qui doit monter à la surface du sol, d'autres pour la circulation des dépêches, d'autres pour abriter les fils qui servent à l'éclairage électrique ou à la transmission de la parole par les téléphones.

Ce monde obscur et fétide, peuplé d'une *armée d'égoutiers*, où Paris rejette tout ce qui le salit, et où circule tout ce qui doit porter dans Paris la propreté et la lumière, est peut-être ce qu'il y a de plus curieux dans la capitale. Il est sans cesse visité par les étrangers.

Le sous-sol de Paris. — Au reste, tout le sous-sol de Paris, ce sous-sol qui, s'élevant avec les siècles, a enfoui le perron de Notre-Dame et les dalles du Palais des Thermes, cache, en même temps que les égouts, un réseau aux mailles serrées de **tuyaux** de *toutes sortes*, trop larges pour qu'on ait pu les suspendre aux voûtes des égouts. Pour l'eau seule, l'eau *qu'on boit* ou qui *coule dans les ruisseaux* ou dont se sert *l'industrie*, il y a **2 000** kilomètres de conduites, souvent larges de plus d'un mètre ; il en est de même pour le gaz qui brûle dans **50 000 réverbères** rien que sur la voie publique, et arrive maintenant dans toutes les maisons. Paris en consomme par an plus de 250 millions de mètres cubes, et, pour les fabriquer, il faut distiller environ **1 milliard de kilogrammes de houille.**

Ce que coûte l'entretien de Paris. — On peut, avec tout cela, se figurer quelle chose compliquée et colossale est une ville comme Paris, et quelle somme de travail et de dépenses représentent ses rues, ses places, ses jardins, arrosés, nettoyés, éclairés comme ils le sont. Ils coûtent à la ville environ *cinquante millions* tous les ans, ou le cinquième de ses dépenses totales.

Les dépenses de Paris. — Quoi ! la ville de Paris dépense tous les ans cinq fois cinquante millions, ou **250 millions** ! plus que le Danemark, que le Portugal, que la Grèce, que la Roumanie, que la Serbie !

A quoi peuvent passer encore 200 millions quand sont payés les frais des rues, des promenades et des égouts ? Une ville n'a pas de marine, pas d'armée, pas de services agricoles et commerciaux, pas d'envoyés à l'étranger et de consuls à entretenir comme un État.

Ce que coûte la sécurité de Paris. — Non, mais Paris a sa police *à payer :* c'est chose importante et difficile que de *maintenir l'ordre* dans une cité aussi populeuse et aussi vaste, où sont réunis tous les organes essentiels de la vie politique du pays ; il y faut de très nombreux agents. Il faut aussi des pompiers toujours prêts pour courir où on les appelle, et, dans une ville comme Paris, il ne se passe pas de jours sans incendie. Tout compte fait, *Paris dépense plus de* **25 millions** *pour sa* **sécurité.**

Ce que coûte la bienfaisance publique

à Paris. — Plus une ville est populeuse, et *plus il y a de malheureux ;* les ouvriers n'ont pas toujours du travail, ou bien ils deviennent infirmes et ne peuvent plus gagner leur vie. Les *maladies sont aussi bien plus nombreuses* et dangereuses que dans les petites villes et à la campagne, où l'air est toujours pur et vivifiant. Malgré tout le soin qu'on prend pour tenir la ville le plus propre possible, les **maladies épidémiques**, comme la fièvre typhoïde, la petite vérole ou le croup, se répandent très vite au milieu d'une population fortement pressée, et tous les malades n'ont pas les moyens ni la place de se faire soigner chez eux. *Il faut donc venir en aide à toutes ces misères ;* on le doit d'autant plus et on le peut d'autant mieux que la ville est plus riche, et qu'elle renferme un plus grand nombre d'industriels, de négociants, de banquiers disposant de beaucoup d'argent. Pour tous ces établissements de bienfaisance, hospices d'enfants, d'aliénés, de vieillards, hôpitaux de toutes sortes, etc., Paris dépense plus de **20 millions** par an, sans compter ce que l'*Assistance publique* tire de ses propriétés personnelles et des dons particuliers qu'elle reçoit tous les jours. Mais aussi quelle consolation de penser que plus de 50 000 *malades* peuvent être soignés tous les ans dans les hôpitaux !

Ce que coûte l'instruction publique à Paris. — Une ville, une commune immense comme Paris, a encore d'autres choses à payer que l'entretien de ses rues, la sécurité de ses habitants, les soins et l'aide aux pauvres, aux malades, à tous les malheureux ; c'est elle qui doit supporter *les frais de l'instruction primaire* que la loi rend **gratuite** et **obligatoire** pour tous les enfants, Paris a donc 500 *écoles*, avec plus de 3 000 *maîtres* ou *maîtresses*, et près de **150 000 élèves**, garçons et filles.

Ce n'est pas tout. Paris ne se borne pas à donner

l'instruction primaire telle qu'elle est donnée par toute la France; il y a des *cours du soir* pour les apprentis et pour les adultes qui n'ont pas le temps d'étudier dans la journée. On y apprend le dessin, le chant, la tenue des livres de commerce.

Paris a créé aussi des *écoles professionnelles*, où les garçons apprennent, tout en continuant leurs études primaires, à forger et à ajuster le fer, à travailler le bois, à fabriquer des meubles, des instruments de précision; où les jeunes filles s'exercent aux soins du ménage, à la cuisine, au blanchissage, au repassage, et en même temps aux métiers qui sont plus particulièrement réservés aux femmes, comme la fabrication des fleurs artificielles, des vêtements, etc.

Comme la *chimie* et la *physique* ont pris une grande place dans l'industrie moderne, la ville de Paris a aussi fondé une école où l'on enseigne les applications pratiques de ces sciences.

La ville entretient en outre *six grandes écoles primaires supérieures*, et *un collège*, le collège Rollin, où l'on fait les mêmes études que dans les huit lycées que l'État possède à Paris. Elle fait donc les plus grands sacrifices pour l'instruction publique, et ses dépenses, de ce chef, montent à environ **25 millions.**

Les frais d'administration à Paris. — Enfin, l'administration même d'une ville de plus de deux millions d'âmes ne coûte pas bon marché. Il est matériellement impossible que tout s'y passe comme dans une autre commune où une seule mairie suffit. S'il fallait que tous les Parisiens vinssent faire inscrire la naissance de leurs enfants ou la mort de leurs parents à l'Hôtel de Ville, celui-ci ne serait pas assez grand, et il y aurait en même temps, pour les habitants, une perte de temps considérable. Paris est donc divisé en **20 arrondissements,** ayant chacun sa mairie, son maire, ses adjoints :

c'est comme s'il y avait vingt villes, et vingt villes vastes et populeuses réunies en une seule. Cela est bien plus commode, mais cela coûte cher aussi, et de ce côté là, il y a encore une **vingtaine de millions** de dépense : cela coûte en somme dix francs par habitant.

La dette de Paris. — On arrive ainsi à tout près de cent millions. Mais ce n'est encore là que la moitié de la somme dont nous cherchons l'emploi. Quelles sortes de dépenses peuvent absorber l'autre moitié, **cent autres millions**? Ces cent millions sont employés à *payer les intérêts ou dettes contractées par la ville.* Pour faire toutes les grandes transformations qui ont changé Paris du tout au tout, depuis trente ans, et en ont fait presque une ville toute neuve, pour percer ses rues nouvelles, pour créer son réseau d'égoûts, pour élever ses écoles, et tous les monuments modernes qui lui appartiennent, églises, halles, hôtel de ville, mairies des vingt arrondissements, etc., la ville a dû **emprunter de l'argent.** Il faut donc, comme on fait toutes les fois qu'on emprunte, qu'elle paye tous les ans des **intérêts** aux personnes qui lui ont prêté cet argent. Paris a emprunté plus de **deux milliards,** et cela l'oblige à payer, tous les ans, **cent millions d'intérêt.** C'est là sa plus forte dépense.

Résumé des grandes dépenses de Paris. — Ainsi Paris dépense annuellement :

20 millions pour ses frais d'administration ;

50 millions pour ses frais d'entretien ;

25 millions pour ses frais de sécurité (police et pompiers);

25 millions pour l'instruction publique de la jeunesse ;

20 millions pour secourir les malheureux ;

Et 100 millions pour payer l'intérêt de ses dettes.

Ajoutez dix millions d'autres menus frais, et vous

avez les **deux cent cinquante millions** de dépenses annuelles de Paris.

Où Paris prend-il l'argent qu'il dépense ? — Maintenant que nous savons ce que dépense la ville de Paris, nous nous demanderons où elle prend tout cet argent qu'elle dépense, **le quart d'un milliard**. Il faut qu'elle le reçoive tous les ans avant de le payer ; mais comment le reçoit-elle ? Chaque habitant va-t-il tous les ans verser, dans les caisses de la ville, cent francs, de manière qu'on arrive ainsi aux 250 millions. Non, les choses sont beaucoup moins simples, et en même temps la contribution paraît moins dure.

D'abord la ville a des *propriétés* qui lui rapportent ; elle loue ou vend des terrains dans ses *cimetières*, elle loue des places dans ses *promenades* et dans ses *rues*, dans ses *halles* et dans ses *marchés*, dans ses *abattoirs* et dans ses *entrepôts ;* elle fait *payer l'eau* qu'elle distribue aux habitants ; elle leur impose des *taxes* pour qu'ils contribuent à ses frais de *pavage*, de *nettoyage* et d'*éclairage*, elle en impose aux possesseurs de *voitures* qui usent ses rues et ses boulevards ; l'État lui paye l'entretien de certaines rues qui sont en même temps des *routes nationales ;* la grande compagnie industrielle qui fournit le *gaz* donne aussi une redevance annuelle. Tout cela donne près de 100 millions.

Les impôts et l'octroi. — D'un autre côté, la ville reçoit une *partie du produit des impôts* que l'État perçoit sur les Parisiens ; mais surtout et enfin, elle se procure près de **140 millions** en établissant des droits d'entrée sur un grand nombre des objets qu'on apporte à Paris pour y être consommés ou employés : boissons, comestibles, combustibles, fourrages, matériaux de construction. C'est ce que l'on appelle les droits d'*octroi*, qui sont à Paris ce que les droits de douane sont à la France tout entière. On les perçoit aux fortifications comme on perçoit les autres aux frontières. Les trois quarts des sommes fournies par l'octroi sont perçues sur ce qui sert à la nourriture de Paris, sur ce qui se boit et se mange.

Ce que mange et ce que boit Paris. — Par l'octroi, on peut se faire une idée de ce que consomme une ville de plus de deux millions d'habitants. Il y entre tous les ans près de **5 millions d'hectolitres de vin**, ou le cinquième de ce que produisent aujourd'hui tous les vignobles français.

On y mange 20 *millions* de kilogrammes *d'œufs*, autant de *beurre*, 25 *millions* de kilogrammes de *volaille* et de *gibier*, 30 *millions* de kilogrammes de *poisson*, **175 millions** de kilogrammes de **viande de boucherie**, **200 millions** de kilogrammes de **fruits** et de **légumes**, et **350 millions** de kilogrammes de **pain.**

Sauf pour ce dernier, la moitié environ de toutes ces marchandises passent par le grand marché des **Halles.** Les animaux qui fournissent la viande de boucherie sont tués presque tous dans les **abattoirs de la Villette.** C'est une gigantesque tuerie où périssent tous les ans 300 000 *bœufs*, 200 000 *veaux*, 350 000 *porcs* et près de **2 millions de moutons.**

D'où arrive tout ce que mange Paris. — Ce ne sont pas les environs de Paris qui peuvent fournir des quantités aussi énormes de nourriture : *la moitié de la France travaille à nourrir la capitale,* et bon nombre de pays étrangers y contribuent aussi, parfois dans de grandes proportions.

Les *bœufs* viennent surtout de la **haute Normandie,** de l'*Anjou* et du *Nivernais ;* les *veaux* de la *Flandre* et des départements de l'*Ile-de-France* et de l'*Orléanais* qui environnent Paris.

La moitié au moins des *moutons* arrivent de *pays*

étrangers : Allemagne, Autriche, **Russie** ; en France, c'est l'**Ile-de-France**, l'*Auvergne* et l'*Algérie* qui en fournissent le plus.

Les *porcs* proviennent du **Maine**, du *Limousin*, du *Poitou*, de l'*Anjou* et de l'*Auvergne*.

Les *poules* et les *poulets* arrivent du **Maine**, de la *Normandie* et de la *Bourgogne* ; les *canards* de *Rouen* ; les *oies grasses* de la *Sarthe* et de l'*Orne*.

La **Normandie** envoie d'énormes quantités de *fromages*, de *beurre* et d'*œufs*. La *Bretagne* vient après elle pour ces deux produits, et nombre d'autres provinces contribuent aussi à en approvisionner Paris.

Un tiers du **poisson de mer** est envoyé par l'*Angleterre*, la *Belgique*, la *Hollande*, l'Allemagne et l'Italie ; le reste vient surtout des **ports de la Manche**, et le **hareng** tient dans leurs envois une place considérable.

Enfin, une grande quantité du *gibier* que l'on mange à Paris provient d'*Allemagne*, de *Hollande*, d'*Angleterre*, d'Espagne et d'Italie.

Ce que coûte la nourriture de Paris. — Tous ces chiffres et tous ces noms forment un ensemble qui a quelque chose de monstrueux. Paris est comme un ogre formidable, auquel arrive de toutes parts des quantités prodigieuses de comestibles et de boissons. *Sa nourriture ne lui coûte certainement pas loin de* **2 milliards** tous les ans.

La circulation dans Paris. — Le peuple de Paris ne serait guère intéressant si l'on en pouvait dire seulement qu'il est grand mangeur et grand buveur : c'est aussi un **grand travailleur.** L'aspect des rues de Paris suffirait seul, au besoin, à en révéler l'activité incessante : c'est le spectacle d'une *immense fourmilière,* où les flâneurs et les simples promeneurs, nombreux pourtant dans une ville où sont réunies de si grandes fortunes, disparaissent au milieu des gens affairés, dont le temps est compté, depuis le banquier ou le grand commerçant qui se hâte dans son équipage, jusqu'à la petite ouvrière ou au jeune apprenti qui fait en hâte les commissions de l'atelier ou du magasin.

Il faut voir les chiffres de la statistique pour se représenter cette circulation de Paris, l'image la plus expressive de son activité et de sa vie. Sans tenir compte des voitures particulières, des charriots de toutes sortes qui appartiennent aux industriels et dont on ne peut fixer le nombre, il y a plus de **9 000 voitures publiques** et de 1 000 *omnibus* et *tramways* faisant des trajets déterminés. On ne saurait dire combien de voyageurs transportent les voitures, mais on sait combien en transportent les omnibus et les tramways, et il n'est pas loin de **250 millions** pour une année. De leur côté les *bateaux de la Seine* en transportent une *vingtaine de millions*, et le chemin de fer de ceinture une *trentaine*. Voilà **trois cents millions** de déplacements bien constatés et qui ne représentent qu'une partie des allées et venues en voitures. Cela suffit pour indiquer à quel flot de circulation donnent passage les rues de Paris.

Ce qui entre à Paris et ce qui en sort. — On ne peut dire non plus la quantité de marchandises qui circulent dans Paris, mais on sait celles qu'*apportent* ou qu'*emportent les grandes lignes de chemins de fer ;* le total en est de plus de **7 millions de tonnes**, ou **7 milliards de kilogrammes.**

Sur les quais de la Seine et des canaux, le mouvement n'est pas moindre et fait du *port de Paris presque l'égal de celui de Marseille.* Les marchandises débarquées et embarquées, soit qu'elles circulent dans l'intérieur de Paris, soit qu'elles aillent dehors ou qu'elles en viennent, forment un total de **4 millions et demi de tonnes.** C'est aux **bassins de la**

Villette que ce mouvement est le plus actif, et parmi les gares, la plus importante est celle du **Nord** où arrivent les *houilles de Flandre et de Belgique*. Toutes les gares ont d'immenses magasins où elles abritent les marchandises qu'elles reçoivent, et près du bassin de la Villette, des *docks*, semblables à ceux qu'on voit dans les ports de mer, sont employés au même usage.

Caractère du commerce et de l'industrie de Paris. — Sous le rapport commercial, Paris est une *image réduite de la France*. Il *importe surtout des objets d'alimentation* et des *matières premières ;* il **exporte** au contraire **des objets fabriqués**. Estimer la valeur de ce que produit l'industrie parisienne est chose tout à fait impossible. On peut seulement en constater l'*activité extérieure*.

Le groupement des grandes industries de Paris. — Paris n'est pas une ville industrielle comparable aux autres grands centres français : chacun d'eux a une *spécialité bien marquée*, qui n'exclut pas sans doute toute autre industrie, mais qui l'emporte tellement, qu'elle sert pour ainsi dire d'étiquette à la ville. *Lyon* est la ville des *soieries ; Saint-Étienne*, celle des *rubans ; Reims* et *Roubaix*, celles des *lainages ; Rouen*, celle des *cotonnades ;* le *Creusot*, celle de la *métallurgie.* Paris est comme une *réunion de plusieurs villes industrielles*, fondues les unes dans les autres.

C'est une des plus *anciennes traditions* de la ville que les différentes sortes de travail soient *localisées dans des quartiers distincts*. Il en était ainsi dans le vieux Paris, où quelques noms rappellent encore que les divers corps de métier se cantonnaient dans des rues, auxquelles ils donnaient leur nom ; les couteliers dans la rue de la Coutellerie, les verriers dans la rue de la Verrerie, les pelletiers dans la rue de la Pelleterie, les drapiers dans la rue de la Draperie, les tanneurs dans la rue de la Tannerie, etc.

Aujourd'hui, les métiers et les industriels ne donnent que rarement leur nom à des rues, mais ils n'en sont pas moins fixés dans des *quartiers spéciaux*, auxquels ils donnent leur physionomie.

Les industries encombrantes occupent les quartiers excentriques. — La *grosse industrie*, celle qui emploie surtout la **vapeur**, occupe avant tout les quartiers excentriques, où le terrain ne coûte pas très cher, et où l'on peut installer de vastes usines. Les grandes usines *métallurgiques* où on prépare les métaux, où l'on fabrique les canons et les machines (grosse chaudronnerie), celles où l'on manipule en grand les *produits chimiques*, se trouvent surtout au nord, aux *Batignolles*, au nord-est, à **la Chapelle** et à **la Villette**, à l'est, à *Ménilmontant*, au sud-ouest, à **Grenelle**.

La fabrication des **meubles** est une spécialité qui a rendu le **faubourg Saint-Antoine** célèbre dans le monde entier. Le *taillage du marbre*, l'industrie des *papiers peints* occupent aussi une partie de ce faubourg, comme les *usines à brique* et à *plâtre* occupent une partie de Grenelle. Les *tanneries* sont, en général, sur le bord de la Bièvre.

Les petites industries des quartiers centraux. — A mesure que l'on se rapproche du centre, où l'espace se resserre, les industries deviennent de moins en *moins encombrantes*; beaucoup s'exercent dans de simples appartements. La plupart des maisons des vieilles rues ou des quartiers les plus anciens sont de *vraies ruches*, où l'on travaille de la cave au grenier. Les principales de ces industries sont celles des *jouets* dans le quartier du **Marais**, de la **passementerie** et de la **mercerie** dans la rue **Saint-Denis** et le boulevard **Sébastopol**, des *plumes* et des *fleurs* dans les rues avoisinant les grands boulevards; de la **joaillerie** et de la **bijouterie** dans le quartier du Temple et dans celui du Palais-Royal, de *l'emballage* dans le faubourg Saint-Denis. L'industrie du **vêtement** tient aussi une grande place dans le Paris central : tantôt ce sont les grandes maisons de *confection* du quartier des Halles, tantôt ce sont les *tailleurs sur mesure* nombreux, surtout, entre la Bourse et la Madeleine, tantôt, enfin, les *grandes couturières* et les *grandes modistes pour dames*, installées sur les boulevards et l'avenue de l'Opéra.

Les industries locales dans Paris. — D'autres industries se sont développées dans des quartiers où elles trouvaient, naturellement, l'emploi de leur travail : ainsi le *gros charronnage* est tout entier à la Villette, tandis que la **carrosserie de luxe** occupe le quartier riche des Champs-Élysées.

De même l'**imprimerie** habite le même quartier que les *écoles* et les grandes *librairies ;* l'*orfèvrerie religieuse* et la *chasublerie* sont dans le voisinage des couvents du quartier Saint-Germain.

Les articles de Paris. — Ainsi on peut dire pour chaque industrie importante, quel est le quartier qu'elle préfère, et pour chaque quartier, quelle est l'industrie qui le caractérise. Il y a pourtant une industrie qui est répandue dans Paris tout entier, et dont le nom même montre qu'elle est *parisienne par excellence :* c'est celle des **Articles de Paris.** Que signifie ce nom ? Ce n'est pas tel ou tel objet, mais bien *un grand nombre d'objets différents,* qui appartiennent, en réalité, à des industries très diverses, mais qui ont un caractère essentiellement commun : c'est que *la mode les change à chaque instant,* c'est que les fantaisies des ouvriers et les caprices des acheteurs les modifient sans cesse. Objets de mode, de toilette ou d'utilité, on ne saurait en désigner aucun particulièrement puisqu'ils sont dans un renouvellement perpétuel. Ils n'en occupent pas moins une grande partie de la population ouvrière; c'est à eux qu'elle donne le meilleur de son goût et de son activité.

La vapeur à Paris. — La personne même des ouvriers joue donc, dans Paris, un rôle très important: ils l'emportent, sans aucun doute, sur tous les ouvriers du monde, par la *facilité de leur intelligence et l'habileté de leurs mains*. Mais, en présence de l'énorme quantité de produits que fabrique Paris, on comprend que les ouvriers ne suffisent pas, et que, même dans la petite industrie, les *machines tiennent une place très importante*. Il y a, à Paris, plus de **3 000** établissements industriels faisant usage **de la vapeur**, et leurs machines représentent une force de près de **30 000 chevaux-vapeur**. Or on a calculé qu'un cheval-vapeur représente la force active de 21 hommes: c'est donc comme si Paris avait **600 000** habitants de plus, et tous occupés à quelque travail.

Les cultures dans Paris. — Il faut enfin citer de certaines industries qu'on est bien étonné de trouver dans Paris, et qui y occupent pourtant une place assez importante, témoignant par là des accroissements progressifs de la ville : c'est l'industrie des **maraîchers** et des *horticulteurs* des anciens villages de Montrouge, de Vaugirard et de Grenelle. Là se trouvent encore des champs couverts de chassis vitrés, de cloches, où poussent les primeurs et les fleurs dont Paris ne fait jamais une plus grande consommation qu'au moment où elles sont le plus rares, c'est-à-dire pendant l'hiver.

Les quartiers des principaux commerces. — Il en est pour le commerce en gros comme pour les industries les plus importantes. Les principales branches en sont établies dans des quartiers auxquels elles donnent leur cachet spécial. Tout le monde sait que le *quartier du Sentier* est celui du commerce des **tissus**, que les *marchands de chevaux de luxe* habitent les Champs-Élysées, et ceux des *chevaux de travail* le quartier de la Gare ; que les *matériaux de construction* se vendent surtout le long des quais des canaux et de la Seine où on les débarque ; que Bercy est le grand marché des *vins* et des *bois bruts ;* que les *banquiers* et les *changeurs* ne sortent guère du quartier de l'Opéra et de la Bourse.

Les quartiers inactifs et riches. — Parmi toutes les différentes régions de Paris auxquelles le travail donne leur physionomie particulière, il en est quelques-unes qui se distinguent, au contraire, par leur absence de mouvement et leur calme. Dans le *faubourg Saint-Germain* règne la paix des grands hôtels, des couvents, des ambassades ; les allées et venues des équipages de maître, celle des employés de ministère en font la seule animation.

De même l'*extrême ouest* de Paris, depuis le parc Monceau jusqu'à Auteuil, et du bois de Boulogne à la place de la Concorde n'est composé que de *quartiers luxeux* où le commerce se borne strictement aux denrées alimentaires. Le boulevard Haussmann, le boulevard Malesherbes, les avenues qui rayonnent de *l'Arc de Triomphe* sont toutes bordées de maisons magnifiques, d'hôtels privés, construits et habités par des personnes riches. **Passy** et **Auteuil,** deux anciens villages pittoresquement perchés au-dessus de la Seine, sont presque des campagnes dans Paris ; la verdure des jardins d'agrément leur conserve un charme champêtre qui contraste soit avec l'aspect monumental des quartiers luxueux, soit avec l'animation du grand Paris travailleur.

Ces quartiers n'en jouent pas moins un grand rôle dans la vie de Paris : c'est pour leurs habitants que travaillent une partie des industries parisiennes, et leurs richesses sont, en somme, comme *la source où puise le peuple des travailleurs.* Paris, sans quartiers riches, ne serait plus que la moitié de lui-même.

B. — QUESTIONNAIRE

sur la Carte nº 24 (Paris capitale).

Place de Paris dans la France.

1. *Quelle est la superficie de Paris ?* — **R.** 80 kilomètres carrés.

2. *Est-ce la plus grande ville du monde ?* — **R.** Non ; Londres est trois ou quatre fois plus grand, et il y a aussi en Chine des villes plus grandes que Paris.

3. *Combien y a-t-il d'habitants dans Paris ?* — **R.** Il y en avait 2 350 000 au recensement de 1886.

4. *Qu'est-ce qu'un recensement ?* — **R.** Une opération par laquelle on fait, en un jour fixé d'avance, le compte des habitants d'un pays.

5. *Y a-t-il beaucoup de villes plus peuplées que Paris ?* — **R.** Il n'y en a qu'une, Londres, qui a plus de 3 800 000 habitants.

6. *Comment se fait-il que Paris soit la seconde ville du monde par sa population sans l'être par son étendue ?* — C'est qu'elle est de toutes les grandes villes celle où la population est le plus pressée, le plus dense.

7. *Quelles sont, après Londres et Paris, les villes les plus peuplées de l'Europe ?* — Berlin, capitale de l'Allemagne, a 1 300 000 habitants, et Vienne, capitale de l'Autriche, en a 1 200 000.

8. *Y a-t-il au monde d'autres villes que Paris dont la population dépasse 2 millions d'habitants ?* — **R.** Non, il n'y en a pas.

9. *Combien y a-t-il de villes au monde dont la population dépasse le million ?* — **R.** Il y en a sept.

10. *Par quoi Paris dépasse-t-il en importance les autres* *capitales de l'Europe?* — **R.** Elle est vraiment la seule capitale de la France.

11. *Il y a donc plusieurs capitales en Angleterre?* — **R.** Oui; Londres est la capitale de l'Angleterre; mais l'Écosse a une capitale, Édimbourg, et l'Irlande, Dublin.

12. *Berlin n'est donc pas la seule capitale de l'Allemagne?* — **R.** Il y a à côté de Berlin plusieurs autres capitales pour les différents États dont se compose l'Allemagne : Munich, Dresde, Stuttgard, etc.

13. *Et en Italie, y a-t-il plusieurs capitales?* — **R.** Non; mais Naples est une plus grande ville que la capitale Rome.

14. *Y a-t-il plusieurs capitales en Autriche-Hongrie?* — Oui, Vienne est capitale pour l'Autriche et Pest pour la Hongrie.

15. *Et en Russie?* — **R.** Moscou est une capitale religieuse aussi importante que la capitale politique Pétersbourg.

16. *Quelles sont les grandes institutions politiques de la France qui ont leur centre à Paris?* — **R.** Le président de la République y réside; la Chambre des Députés et le Sénat y font les lois; le Conseil d'État les prépare; la Cour de Cassation veille à leur application; la Cour des Comptes vérifie les comptes de l'État.

17. *Paris est-il seulement le foyer de l'activité politique de la France?* — **R.** Paris est aussi le principal foyer de l'activité industrielle et commerciale.

18. *N'y a-t-il donc pas d'autres grands centres industriels et commerciaux en France?* — **R.** Oui; il y en a de très importants, comme le Havre, Rouen, Lille, Reims, Lyon, Marseille, Bordeaux; mais ils entretiennent avec Paris des rapports extrêmement nombreux.

19. *Par quoi se manifeste surtout l'importance de Paris dans le monde des affaires?* — **R.** Par la présence d'un très grand nombre de maisons de commission qui servent d'intermédiaires entre les acheteurs et les fabricants.

20. *N'y a-t-il pas une autre marque extérieure très caractéristique de l'importance commerciale de Paris?* — **R.** Oui; c'est que toutes les grandes compagnies de navigation européennes ont des bureaux à Paris; cela prouve que Paris entretient avec le monde entier des rapports commerciaux extrêmement actifs.

21. *Par quoi se marque la prédominance intellectuelle de*

*Paris sur tout le reste de la France ? — **R**. C'est à Paris que se produisent la plupart des œuvres artistiques et littéraires de la France ; c'est là que sont établies les plus grandes écoles du pays.

22. *Et au point de vue militaire, Paris tient-il aussi la première place en France ?* — **R**. Oui ; c'est à Paris qu'aboutissent toutes les défenses élevées contre nos voisins de l'est.

23. *Dans la vie agricole du pays, quelle place tient Paris ?* — **R**. C'est un consommateur colossal pour la nourriture duquel travaille la moitié du pays.

24. *Sur la carte, n'y a-t-il pas quelque chose qui montre clairement que Paris est le cœur de la France ?* — **R**. Oui ; c'est la disposition des chemins de fer qui rayonnent de Paris, comme les veines et les artères partent du cœur.

Accroissements et transformations de Paris.

25. *Qu'est-ce qui caractérise au point de vue géographique l'emplacement de Paris ?* — **R**. C'est qu'il est au centre du bassin parisien, et au point où se rencontrent les principales routes qui le traversent.

26. *Quelles rivières se joignent à Paris ou près de Paris ?* — **R**. La Seine, l'Oise et la Marne.

27. *Quelles grandes routes s'y croisent ?* — **R**. Celle de Bordeaux à Lille ; celle du Havre à Marseille.

28. *Dans la France centrale, quelles parties importantes se tournent vers Paris ?* — **R**. Les vallées de la Loire et de l'Allier, qui sont les régions les plus peuplées et les plus fertiles du Massif central.

29. *Quelles circonstances tout à fait locales ont favorisé l'accroissement de Paris ?* — **R**. C'est qu'il y avait à Paris ou près de Paris tout ce qu'il faut pour construire une très grande ville : de la pierre, du sable, du bois en abondance.

30. *Y a-t-il toujours autant de bois à proximité de Paris ?* — **R**. Non ; ces bois ont été détruits, mais les forêts de Compiègne, de Senart, de Fontainebleau, de Saint-Germain, les bois de Boulogne et de Vincennes en sont des débris.

31. *Quel est l'événement historique qui a eu sur la destinée de Paris une influence dominante ?* — **R**. C'est l'élection à la royauté des ducs de France, après la décadence des Carlovingiens.

32. *De quand date Paris ?* — **R.** On ne peut le dire ; on sait que la petite ville gauloise de Lutèce existait dans l'île de la Cité quand Jules César conquit la Gaule.

33. *D'où vient que Lutèce a pris le nom de Paris ?* — **R.** Les Romains ont donné à toutes les villes gauloises le nom des peuples dont elles étaient les capitales : Lutèce était la capitale des Parisiens.

34. *Citez d'autres exemples de ce changement de noms.* — **R.** *Durocortorum* est devenu Reims ; *Samarobriva*, Amiens ; *Avaricum*, Bourges. C'étaient les capitales des Rèmes, des Ambiens, des Bituriges.

35. *Quel autre nom pour Paris même rappelle ce changement ?* — Celui de l'île de la Cité : Lutèce était la cité des Parisiens.

36. *Quel événement rendit Paris célèbre du temps des Romains ?* — **R.** Julien, général romain, y fut proclamé empereur par ses soldats et y résida souvent.

37. *Est-ce à dire que Paris fut déjà la capitale de la Gaule du temps des Romains ?* — **R.** Non ; Paris n'était qu'une petite ville avec un camp. La vraie capitale était Lyon, et d'autres villes, comme Marseille et Narbonne, étaient plus grandes et plus belles.

38. *Quel autre souvenir de la vie de Paris se rattache à l'époque romaine ?* — **R.** Celui du martyre de saint Denis, le premier évêque chrétien de Paris.

39. *Où fut martyrisé saint Denis ?* — **R.** Sur la colline qui, depuis, s'appela Montmartre ou le mont des Martyrs.

40. *De quand date la conversion définitive de Paris au christianisme ?* — **R.** Du milieu du quatrième siècle où fut construite la première église, à la place de Notre-Dame.

41. *Quelle est, avec l'histoire de saint Denis, le grand souvenir chrétien de Paris ?* — **R.** Celui de sainte Geneviève, dont la sainteté était l'objet de la vénération générale à l'époque de l'invasion des Huns.

42. *Quel rôle joua sainte Geneviève à cette époque ?* — **R.** La légende veut que, par ses prières, elle ait obtenu du ciel qu'Attila ne passât point par Paris.

43. *De quels rois mérovingiens Geneviève fut-elle contemporaine ?* — **R.** De Mérovée et de Clovis.

44. *Ces rois résidaient-ils à Paris?* — **R.** Mérovée n'y résidait point; Clovis le conquit et s'y établit dans le palais de l'empereur Julien.

45. *Quel nom géographique montre encore que le centre de la domination franque fut à Paris à partir de Clovis?* — **R.** C'est le nom de France, qui ne s'appliqua d'abord qu'à ce que nous appelons aujourd'hui l'Ile de France.

46. *Quelles sont les grandes fondations mérovingiennes de Paris ou de ses environs?* — **R.** L'église de Sainte-Geneviève, construite par Clovis sur la montagne Sainte-Geneviève; le monastère de Saint-Germain des Prés, construit par Childebert; celui de Saint-Denis, fondé par Dagobert.

47. *Sous ces rois Mérovingiens, Paris était-il déjà la capitale de l'ancienne Gaule?* — **R.** Non; il le fut seulement de la Gaule occidentale ou Neustrie.

48. *Quand devint-il la capitale de toute la Gaule?* — **R.** Quand la Gaule devint elle-même la France, c'est-à-dire quand les comtes de Paris ou ducs de France furent élevés à la dignité royale.

49. *Qu'est-ce que c'étaient que les ducs de France?* — **R.** C'étaient d'anciens fonctionnaires royaux établis par Charlemagne et qui devinrent indépendants sous ses successeurs.

50. *Pourquoi furent-ils élus rois?* — **R.** Parce que les empereurs carlovingiens résidaient loin de la Gaule et ne surent pas la défendre contre les Normands.

51. *Quel est celui des comtes de Paris qui fut le premier élu roi?* — **R.** Eudes, qui se battit vaillamment contre les Normands, fut élu roi lorsque l'empereur Charles le Gros fut déposé pour avoir acheté leur départ.

52. *Tous les comtes de Paris ou ducs de France furent-ils rois à partir d'Eudes?* — **R.** Non; d'abord les grands élurent tantôt des princes carlovingiens, tantôt des ducs de France. Ce fut seulement à partir d'Hugues Capet que tous les ducs de France furent rois.

53. *Comment arrivèrent-ils à cela?* — **R.** Les pères firent élire et sacrer rois leurs fils de leur vivant jusqu'à Philippe-Auguste. A partir de ce roi cela fut inutile.

54. *Paris avait-il beaucoup grandi du temps de Clovis à celui d'Hugues-Capet?* — **R.** Non; parce que les Normands avaient tout détruit sur les deux rives de la Seine et que la cité seule avait été épargnée.

55. *De quel côté Paris se développa-t-il surtout quand il fut devenu la capitale du royaume?* — **R.** Du côté du nord, où l'espace plat était le plus large.

56. *Quel était alors le grand commerce de Paris?* — **R.** Celui des transports par bateaux sur la Seine, qui existait déjà du temps de la petite Lutèce.

57. *Quel est encore aujourd'hui le signe visible de l'importance qu'avait la batellerie de la Seine à Paris?* — **R.** C'est le navire qui figure dans les armes de la ville.

58. *Quand fut construite la première enceinte de Paris?* — **R.** Probablement sous Louis VI le Gros. Il n'en reste rien.

59. *De quand date la seconde enceinte de Paris?* — **R.** Du règne de Philippe-Auguste.

60. *Où passait-elle?* — **R.** Elle enveloppait au nord les Halles; au sud, la montagne Sainte-Geneviève.

61. *Quelle était la grande forteresse qui complétait cette enceinte?* — **R.** Le Louvre.

62. *Pourquoi construisait-on ainsi des enceintes successives?* — **R.** Parce que la ville grandissait et que des maisons nombreuses se construisaient en dehors de l'enceinte. Pour les protéger en cas de guerre, on démolissait la vieille enceinte et on en construisait une nouvelle.

63. *De quand date la troisième enceinte de Paris?* — **R.** Du temps de Charles V.

64. *Qui la construisit?* — **R.** Le prévôt des marchands Étienne Marcel.

65. *Quels étaient les points les plus forts de la nouvelle enceinte?* — **R.** Le Louvre agrandi et la Bastille, construits tous deux sous Charles V.

66. *Subsiste-t-il quelque chose qui montre bien la place de l'enceinte de Charles V et d'Étienne Marcel.* — **R.** Oui; la ligne des grands boulevards, du boulevard Sébastopol à la place de la Bastille, et le canal Saint-Martin, établi entre la Bastille et la Seine, dans l'ancien fossé des fortifications.

67. *Qui modifia l'enceinte de Charles V et d'Étienne Marcel?* — **R.** Louis XIII et Richelieu en reportèrent l'extrémité occidentale jusqu'à la place actuelle de la Concorde pour enfermer dans Paris les Tuileries et le Palais royal.

68. *Quels étaient à la fin du dix-huitième siècle les princi-*

paux *faubourgs de Paris sur la rive droite?* — **R.** Les faubourgs Saint-Honoré, Montmartre, Saint-Denis, Saint-Martin, du Temple et Saint-Antoine.

69. *Sur la rive gauche?* — **R.** Saint-Victor, Saint-Marcel, Saint-Jacques et Saint-Germain.

70. *Sous quel roi ces faubourgs furent-ils enfermés dans Paris?* — Sous Louis XVI.

71. *Qu'est-ce qui marque aujourd'hui la place de l'enceinte de Louis XVI?* — **R.** Des boulevards que l'on appelle encore les boulevards extérieurs.

72. *Quels nouveaux faubourgs grandirent autour de cette nouvelle muraille?* — **R.** Au nord : Auteuil, Passy, Chaillot, les Batignolles, Montmartre, la Chapelle, la Villette, Belleville, Ménilmontant, Charonne, Bercy ; au sud : Montrouge, Vaugirard et Grenelle.

73. *Quand ces faubourgs furent-ils enveloppés dans l'enceinte fortifiée actuelle?* — **R.** Quand M. Thiers la fit construire en 1840, sous le règne de Louis-Philippe.

74. *Ces faubourgs firent-ils dès lors partie de la ville?* — **R.** Non ; l'enceinte de Louis XVI subsista jusqu'en 1861, et c'est seulement alors que les faubourgs compris dans l'enceinte fortifiée cessèrent d'être des communes particulières pour rentrer dans Paris.

75. *Combien Paris eut-il alors d'habitants?* — **R.** 1 700 000.

76. *Combien en avait-il à la fin du dix-huitième siècle?* — **R.** 600 000.

77. *A l'époque de Charles V?* — **R.** 150 000.

78. *Au temps de l'empereur Julien?* — **R.** Huit ou dix mille.

79. *Quel est le siècle où la population de Paris s'est le plus accrue?* — **R.** C'est le dix-neuvième siècle.

80. *Pourquoi cela?* — **R.** Parce que c'est pendant ce siècle, depuis la Révolution, que l'importance politique de Paris s'est le plus développée.

81. *Citez les principaux événements de la Révolution dont Paris a été le théâtre.* — **R.** La prise de la Bastille, le 14 juillet 1789, et le détrônement de Louis XVI, le 10 août 1792.

82. *Quels sont les grands événements de l'histoire de France accomplis par Paris depuis la Révolution?* — **R.** Le renversement de Charles X en 1830, celui de Louis-Philippe en 1848, celui de Napoléon III en 1870.

83. *Quel est le grand fait d'ordre économique qui a contri-*

bué autant que tous ces grands événements politiques à ces développements de Paris? — **R.** L'établissement dans cette ville des têtes de lignes ferrées.

84. *A quelle époque les têtes de lignes des chemins de fer furent-elles établies à Paris?* — **R.** Sous le règne de Louis-Philippe.

85. *Reste-t-il à Paris quelques monuments de l'époque romaine?* —**R.** Il reste des ruines: celles du palais de Julien, au musée de Cluny, et celles d'arènes, rue Monge.

86. *Reste-t-il quelque chose du Paris mérovingien?* — **R.** Non; tout ce qui datait de l'époque mérovingienne a été détruit par les Normands.

87. *Quels sont les plus anciens monuments de l'époque capétienne?* — **R.** Les églises de Saint-Germain des Prés et de Saint-Julien le Pauvre, commencées toutes deux au onzième siècle.

88. *Quels sont les monuments parisiens du douzième siècle?* — **R.** L'église de Montmartre, la chapelle de Saint-Martin des Champs, qui est aujourd'hui dans le musée des Arts et Métiers, et le chœur de Notre-Dame.

89. *Quels sont les monuments du treizième siècle?* — **R.** La nef et les tours de Notre-Dame et la Sainte-Chapelle.

90. *Quels sont les monuments du quinzième siècle?* — **R.** Il y en a beaucoup : les plus importants sont la tour Saint-Jacques et le musée de Cluny.

91. *Quels sont les principaux monuments de la Renaissance?* — **R.** Le Louvre, les Tuileries, le Pont-Neuf.

92. *Qui a construit le Louvre?* — **R.** Le Louvre fut commencé par François Ier, son fils Henri II et ses petits-fils François II, Charles IX et Henri III.

93. *Le Louvre était-il terminé à la mort d'Henri III?* — **R.** Non; Henri IV le continua; après lui, Louis XIII et Louis XIV y travaillèrent; Napoléon Ier l'augmenta; il ne fut achevé que sous Napoléon III.

94. *A quelle place fut construit le Louvre?* —**R.** A la place où Philippe-Auguste et Charles V avaient élevé leur forteresse et leur donjon.

95. *Quel est le château royal de la Renaissance qui fut longtemps voisin du Louvre?* — **R.** Les Tuileries, construites par Catherine de Médicis et reliées au Louvre sous Henri IV et Napoléon III.

96. *Que sont devenues les Tuileries?* — **R.** Elles ont été brûlées en 1871.

97. *N'y a-t-il pas un autre édifice de la Renaissance qui périt aussi en 1871?* — **R.** Oui, l'Hôtel de Ville, qui avait été construit sous Henri IV et agrandi sous Louis-Philippe.

98. *Reste-t-il quelque chose des Tuileries et de l'Hôtel de Ville?* — **R.** Les pavillons des Tuileries qui touchaient au Louvre ont été reconstruits, le reste rasé; l'Hôtel de Ville a été entièrement reconstruit sur l'ancien modèle.

99. *Quel est le roi qui commença le Pont-Neuf?* — **R.** C'est Henri III; Henri IV ne fit que l'achever.

100. *Est-ce seulement par la construction de ces grands monuments que l'époque de la Renaissance fut importante pour Paris?* — **R.** Elle le fut surtout par la reconstruction d'un grand nombre de maisons et de quartiers qui prirent une physionomie nouvelle.

101. *Qu'est-ce qui caractérise les bâtiments de la Renaissance?* — **R.** C'est l'imitation de l'art grec et de l'art romain.

102. *Quels sont les principaux styles d'architecture qui suivirent celui de la Renaissance?* — **R.** Ce sont les styles Louis XIII, Louis XIV, Louis XV et Louis XVI, ainsi nommés du nom des rois sous lesquels ils prévalurent.

103. *Quels sont à Paris les principaux types du style Louis XIII?* — **R.** La place Royale, le Luxembourg, la vieille Sorbonne.

104. *Quels sont les principaux types du style Louis XIV?* — **R.** La colonnade du Louvre, le Val-de-Grâce, les Invalides, la place Vendôme.

105. *Du style Louis XV?* — **R.** Les colonnades de la place de la Concorde et l'École militaire.

106. *Du style Louis XVI?* — **R.** La Monnaie et le Panthéon.

107. *Quelles sont les deux époques qui ont contribué le plus à donner à Paris sa physionomie actuelle?* — **R.** La Révolution et le règne de Napoléon III.

108. *Comment la Révolution y contribua-t-elle?* — **R.** En démolissant beaucoup de monuments anciens, surtout des églises; en détruisant et en vendant les énormes couvents qui occupaient un quart de la ville.

109. *Quelle a été l'œuvre du règne de Napoléon III?* — **R.** Elle a consisté surtout dans la démolition des vieux quartiers aux rues et aux ruelles étroites, pour les remplacer par de grandes rues et de grands boulevards bien aérés.

110. *Quels sont les principaux monuments construits entre la Révolution et le règne de Napoléon III?* — **R.** L'Arc de Triomphe, la Madeleine et la colonne de la Bastille.

111. *Quels sont les grands monuments du règne de Napoléon III?* — **R.** Les Halles, le Palais de l'Industrie, Saint-Augustin, la Trinité, l'Opéra.

112. *Quels ont été les travaux accomplis dans Paris par la troisième république?* — **R.** Elle a continué les percements de rues du second empire, rebâti la plupart des monuments incendiés par la Commune de 1871, et bâti de nouveaux monuments qui ont surtout un caractère d'utilité.

113. *Citez les principaux monuments utiles construits depuis 1871.* — **R.** L'Hôtel-Dieu, l'Hôtel des Postes, les nouveaux bâtiments du Jardin des Plantes, de l'École de pharmacie, de l'École de médecine, de la Sorbonne, de l'École des Arts et Manufactures.

114. *Dans les constructions de la ville de Paris, quelles sont celles pour lesquelles elle a fait les plus grands sacrifices?* — **R.** Ce sont les écoles primaires, qu'elle a voulu rendre nombreuses, spacieuses, saines et belles.

115. *Qu'est-ce qui distingue à première vue les nouveaux quartiers des anciens?* — **R.** C'est que leurs rues sont larges et droites, tandis que celles du vieux Paris sont étroites et tortueuses.

La vie du Paris moderne.

116. *Quels sont les quartiers élevés de la rive droite?* — **R.** Auteuil, Passy, la plaine Monceau, les Batignolles, Montmartre, la Chapelle, la Villette, Belleville, Ménilmontant et Charonne.

117. *Où se trouvent les quartiers bas sur la rive droite?* — **R.** Entre la Seine et la ceinture de quartiers élevés qui la rejoint à Passy : en amont, le faubourg Saint-Antoine et Bercy forment une zone basse qui passe entre Charonne et la Seine.

118. *Où sont les quartiers bas de la rive gauche?* — **R.** Ils forment une zone étroite le long du fleuve et ne s'élargissent qu'à partir des Invalides et du Champ de Mars.

119. *Où sont les quartiers hauts de la rive gauche?* — **R.** Ils en occupent la plus grande partie, au sud du boulevard Saint-Germain.

120. *Quelle est la rivière qui traverse les quartiers de la rive gauche?* — **R.** La Bièvre.

121. *Combien y a-t-il de rues dans Paris?* — Environ 4 000.

122. *Quelle longueur a le réseau des rues de Paris?* — **R.** Il équivaut à la distance du Havre à Marseille, par Paris et Lyon, ou à 1 000 kilomètres.

123. *Quelles sont les principales rues parallèles à la Seine?* — **R.** Le faubourg Saint-Antoine, la rue du même nom, la rue de Rivoli, l'avenue des Champs-Élysées et celle de la Grande-Armée forment la principale voie parallèle à la Seine. Elle est en partie doublée par la rue et le faubourg Saint-Honoré.

124. *Quelle est la principale voie perpendiculaire à la Seine?* — **R.** Elle est formée par l'Avenue d'Orléans, la rue d'Enfer, le boulevard Saint-Michel sur la rive gauche, le boulevard du Palais dans la Cité, les boulevards Sébastopol et de Strasbourg sur la rive droite.

125. *Quelles sont les plus vieilles rues perpendiculaires à la Seine?* — **R.** La rue Saint-Jacques sur la rive gauche, les rues et faubourgs Saint-Denis et Saint-Martin sur la rive droite.

126. *Quelles sont les principales voies disposées en anneaux concentriques?* — **R.** Il y en a deux séries. La plus petite est formée sur la rive droite par les grands boulevards établis sur l'enceinte de Charles V et de Louis XIII; le boulevard Saint-Germain la complète sur la rive gauche. Le plus grand anneau est formé par les boulevards extérieurs qui suivent l'enceinte de Louis XVI.

127. *Quelles sont les principales rues qui rayonnent du centre du vieux Paris?* — **R.** Les rues du Temple, Monge, de Vaugirard, de Sèvres.

128. *Quelles sont les rues qui rayonnent du quartier de la Madeleine et de l'Opéra?* — **R.** Le boulevard Haussmann, le boulevard Malesherbes, la rue Lafayette.

129. *Citez d'autres grandes rues de Paris.* — **R.** L'avenue de l'Opéra, la rue Richelieu, la rue Turbigo, la rue Étienne-Marcel.

130. *Quelle place les rues tiennent-elles dans la surface de Paris?* — **R.** Elles en occupent un cinquième.

131. *Sont-ce les seuls espaces libres de constructions que renferme Paris?* — **R.** Non; il y a aussi de vastes jardins publics : les Tuileries, le Luxembourg, les parcs Monceau, des Buttes-Chaumont, de Montsouris.

132. *Quelles sont les grandes promenades établies aux portes de Paris?* — **R.** Le bois de Vincennes à l'est, celui de Boulogne à l'ouest.

133. *Combien y a-t-il d'arbres dans les rues et les promenades de l'intérieur de Paris?* — **R.** Il y en a environ cent mille.

134. *Quel rôle cette véritable forêt prend-elle dans la vie de Paris?* — **R.** Elle contribue à rendre l'air plus sain, meilleur à respirer.

135. *Quel est, avec la verdure, ce qui contribue le plus à assainir la ville?* — **R.** C'est l'arrosage des rues.

136. *Combien de litres d'eau répand-on par jour sur les voies publiques, pendant la saison chaude?* — **R.** Environ 175 millions.

137. *Que devient cette eau?* — **R.** Elle s'écoule à la Seine par les égoûts.

138. *Quelle est la longueur des égoûts de Paris?* — **R.** Il y en a 850 kilomètres.

139. *Les égoûts servent-ils seulement à l'écoulement des eaux salies par Paris?* — **R.** Ils servent aussi à renfermer un grand nombre de tuyaux qui distribuent l'eau pure et le gaz, ainsi qu'aux fils des télégraphes et des téléphones.

140. *Combien Paris consomme-t-il de gaz par an?* — **R.** 250 millions de mètres cubes, pour lesquels il faut 1 milliard de kilogrammes de houille.

141. *Que coûte l'entretien de Paris?* — **R.** 50 millions par an.

142. *Quel est le total des dépenses annuelles de Paris?* — **R.** 250 millions.

143. *Montrez par des comparaisons l'importance de cette somme.* — Certains États, comme la Grèce, la Roumanie, la Serbie, le Portugal, ne dépensent pas autant.

144. *Quelles sont les principales dépenses de Paris?* — **R.** Son entretien, sa police, l'assistance aux indigents, l'instruction publique, l'administration, les intérêts de la dette de la ville.

145. *Combien Paris dépense-t-il par an pour les indigents?* — **R.** 20 millions.

146. *Combien de malades reçoivent tous les ans les hôpitaux de Paris?* — Plus de 50 000.

147. *Combien Paris a-t-il d'écoles primaires?* — **R.** 500, qui reçoivent 150 000 élèves.

148. *Les écoles primaires sont-elles les seules de la ville?* — **R.** Non; elle entretient aussi des cours du soir pour les adultes, des écoles professionnelles, une école de chimie et de physique industrielles, des écoles primaires supérieures, un grand collège, le collège Rollin.

149. *Quels sont les principaux rouages de l'administration de Paris?* — **R.** Ce sont les 20 mairies établies dans les 20 arrondissements entre lesquels est partagée la ville.

150. *Qu'est-ce que la dette de Paris?* — **R.** C'est la somme totale d'argent que Paris a empruntée et pour laquelle il paye des intérêts à ceux qui la lui ont prêtée.

151. *A combien montent les intérêts payés annuellement par la ville pour le service de sa dette?* — **R.** A 100 millions.

152. *Quelle somme totale d'emprunt cela représente-t-il?* — **R.** Plus de 2 milliards.

153. *A quoi ont servi ces deux milliards?* — **R.** A toutes les transformations rapides qui ont embelli, assaini la ville, qui y ont rendu la vie plus commode.

154. *Où la ville prend-elle l'argent qu'elle dépense tous les ans?* — **R.** Elle fait payer des taxes aux habitants pour l'entretien des rues; elle loue des places dans ses marchés, ses promenades et ses rues; elle en vend dans ses cimetières; surtout elle reçoit beaucoup d'argent de l'octroi.

155. *Qu'est-ce que l'octroi?* — **R.** C'est la permission accordée à prix d'argent d'introduire certains objets dans la ville.

156. *Quels sont les objets sur lesquels portent les droits d'octroi?* — Ceux qui servent à la nourriture, au chauffage, à la construction.

157. *Combien Paris mange-t-il de pain tous les ans?* — **R.** 350 millions de kilogrammes.

158. *Quel est le grand marché de la ville?* — **R.** Les Halles.

159. *Où tue-t-on les animaux que mange Paris?* — **R.** Aux abattoirs de la Villette.

160. *D'où Paris tire-t-il ce qu'il mange?* — **R.** Des diverses parties de la France et aussi des pays étrangers.

161. *Combien les Parisiens dépensent-ils par an pour leur nourriture?* — **R.** Près de 2 milliards.

162. *A combien estime-t-on le nombre des personnes transportées dans l'année par les voitures, les omnibus et les bateaux de Paris?* — **R.** A 350 millions au moins.

163. *Quelle est la quantité de marchandises que les chemins de fer apportent à Paris et qu'ils en emportent?* — **R.** 7 milliards de kilogrammes par an.

164. *Les chemins de fer sont-ils les seuls moyens de transport dont dispose Paris pour ses importations et ses exportations?* — **R.** Il y a aussi les routes, mais surtout la Seine et les canaux.

165. *Quel est le mouvement du port fluvial de Paris?* — **R.** Il est de 4 millions de tonnes, presque autant que Marseille.

166. *Où est le centre de ce mouvement?* — **R.** Aux bassins de la Villette.

167. *Quels sont les objets qui arrivent surtout par eau?* — **R.** C'est avant tout le bois et la houille.

168. *Quels sont les objets que Paris importe surtout?* — **R.** Ce sont les objets qui servent à sa nourriture et les matières premières pour son industrie.

169. *Toutes les industries se rencontrent-elles dans tous les quartiers de Paris?* — **R.** Non; il y a pour les industries principales une certaine distribution par quartiers, comme celle des industries d'autrefois.

170. *Quelles sont les industries des quartiers excentriques?* — **R.** Celles qui exigent beaucoup de place, comme la métallurgie et les produits chimiques.

171. *Quelle est l'industrie célèbre du faubourg Saint-Antoine?* — **R.** La fabrication des meubles.

172. *Où sont les principales tanneries de Paris?* — **R.** Sur les bords de la Bièvre.

173. *Citez quelques-unes des industries localisées dans les quartiers centraux.* — **R.** La confection autour des Halles, la passementerie et la mercerie dans la rue Saint-Denis, la joaillerie et la bijouterie rue du Temple, la carrosserie aux

Champs-Élysées, l'imprimerie dans le quartier des Écoles.

174. *Quelle est l'industrie spéciale à Paris?* — **R.** C'est celle des objets de toutes sortes que l'on appelle les articles de Paris.

175. *Qu'est-ce qui fait la supériorité industrielle de Paris?* — **R.** C'est le goût et l'habileté de ses ouvriers.

176. *Quelle est la dépense annuelle de vapeur que fait l'industrie parisienne?* — **R.** Elle dépense une force de 30 000 chevaux-vapeur.

177. *Faites comprendre par une comparaison l'importance de cette dépense.* — **R.** C'est comme s'il y avait 600 000 ouvriers de plus à Paris.

178. *Quels sont les quartiers de Paris où l'on trouve encore des cultures?* — **R.** Montrouge, Vaugirard et Grenelle.

179. *Quel est le quartier où se fait le commerce des tissus?* — **R.** C'est le quartier du Sentier.

180. *Celui du commerce des vins?* — **R.** Bercy.

181. *Celui de la banque?* — **R.** Le quartier de la Bourse et de l'Opéra.

182. *Quels sont les quartiers riches et inactifs de Paris?* — **R.** Le faubourg Saint-Germain, sur la rive gauche; le faubourg Saint-Honoré, les Champs-Élysées, le quartier de la Madeleine, de Monceau, de l'Arc de Triomphe, sur la rive droite.

183. *N'y a-t-il pas même des quartiers de villégiature dans Paris?* — Oui; c'est le rôle de Passy et d'Auteuil, où les jardins sont très nombreux.

184. *Quel rôle jouent ces quartiers riches dans la vie de Paris?* — **R.** Ils alimentent par leurs dépenses une grande partie de l'industrie parisienne.

CARTE N° 24BIS

LES ENVIRONS DE PARIS

A. — NOTICE

Le bassin parisien. — Paris est au centre de la plus grande région de *pays peu élevés* qui soit en France, au centre du bassin parisien. Ce bassin est comme une immense *cuvette* entourée de toutes parts par des terres qui ont un *niveau plus élevé au-dessus de la mer*. Ces terres qui environnent et dominent le bassin parisien sont au S. le **Massif central** ; au S.-E. les petites montagnes de la Bourgogne, et le plateau de Langres ; à l'E. le plateau lorrain ; au N.-E. celui des Ardennes ; au N. le grand dos de pays de l'*Artois* et du *Boulonnais* ; au N.-O. le *plateau de Caux* ; à l'O. les collines normandes.

Le bassin parisien n'est pas une plaine au sens rigoureux du mot. — Mais de ce que le bassin parisien est une région peu élevée, il ne s'ensuit pas que ce soit une véritable plaine. Il y a dans l'intérieur du bassin parisien des *parties tout à fait plates*, comme la *Champagne pouilleuse* et la *Beauce* ; mais, le plus souvent, la surface du sol est coupée d'*accidents nombreux*, parfois *très pittoresques* ; les rivières y coulent dans des *vallées très encaissées*, pleines de variété et de charme. C'est en particulier le cas des environs de Paris.

D'où proviennent les accidents du relief du sol dans le bassin parisien. — Les accidents qui rendent si *inégale* la surface du sol dans les environs de Paris, et dans une très grande partie du bassin parisien ont une origine commune qu'il est intéressant de connaître. A une époque géologique où la configuration générale de la France ne différait pas beaucoup de ce qu'elle est aujourd'hui, il se produisit dans notre hémisphère un **refroidissement général**. Les glaces polaires s'avancèrent jusqu'en Allemagne, et nos montagnes, Vosges, Alpes, Pyrénées, Massif central, disparurent sous d'*énormes glaciers*. Ce fut ce que l'on appelle dans l'histoire de la terre la **période glaciaire**.

Lorsque cette période fut terminée, les glaces accumulées fondirent rapidement et produisirent des *masses d'eau considérables*, des courants diluviens qui balayèrent en s'écoulant les plaines et les vallées, et *modifièrent profondément* le relief du sol, partout où celui-ci n'était pas composé de roches assez solides pour résister. C'est ce qui se passa dans le bassin parisien, où s'écoulèrent les eaux des *glaciers vosgiens et ardennais*.

Caractère général des modifications du relief du sol causées dans le bassin parisien par les courants diluviens. — Dans le bassin parisien, les *courants diluviens* provenant de la fonte des glaces suivirent une direction que l'on retrouve dans la *direction même de la Seine*, et dans celle de la plupart de ses affluents, c'est-à-dire du S.-E. au N.-O., ou de l'E. à l'O. Sur leur passage en effet, ils creusèrent des **sillons profonds** qui sont devenus les vallées des cours d'eau actuels. Entre ces sillons ils laissèrent ou de simples *buttes isolées*, ou de *larges plateaux*, qui témoignent aujourd'hui de l'ancien *niveau général du sol*. Voilà d'où vient l'aspect si pittoresque de l'Ile de France, et en particulier des environs de Paris.

Relief des environs de Paris. — D'ailleurs, la carte des environs de Paris montre bien comment le sol s'y partage entre les *plateaux* et les larges *sillons déprimés* dont il était question tout à l'heure. Dans ceux-ci la **Seine**, grossie de la Marne, coule à une *altitude moyenne de* 25 m. au-dessus du niveau de la mer, et les *hauteurs* qui limitent la large vallée où elle serpente *la dominent d'environ* 125 *mètres*. Les *plateaux* que ces hauteurs supportent ont en effet une altitude moyenne de 150 m. : ainsi, dans Paris même, les *buttes Montmartre* et *Belleville* ont 130 m. d'altitude, et *Versailles* est à 140 mètres.

Hauteurs du nord. — Tout au N. de la carte on aperçoit une double série de *hauteurs parallèles*. Ce sont celles de **Montmorency** et plus près de la Seine, celles de **Cormeilles-en-Parisis**, qui limitent de ce côté l'espace où le fleuve décrit ses circuits. Les unes et les autres ont 170 m. d'altitude.

Hauteurs du sud-ouest. — En face de ces petits plateaux très isolés et dont la silhouette est, à cause de cela, très nettement découpée sur l'horizon, on voit au S. de la vallée de la Seine d'autres *plateaux beaucoup plus vastes*, mais toujours orientés dans la même direction, c'est-à-dire du S.-E. au N.-O. La Seine vient s'y courber à deux reprises, comme elle fait au N. contre les hauteurs de Cormeilles. Comme ceux du N. ces plateaux sont disposés sur *deux rangées parallèles :* la plus voisine de la Seine part de *Saint-Cloud* et se prolonge au delà de *Marly* et de Saint-Germain-en-Laye. Elle dépasse par endroits 175 mètres et envoie au N. comme une sorte d'éperon isolé le **Mont-Valérien** qui en a 162. La seconde part des rives de la *Bièvre*, et, par les bois de *Verrières* et de *Meudon*, elle se prolonge jusqu'aux plateaux de Satory. Elle dépasse par endroits 170 mètres, et ses croupes orientales, *coupées en deux par la Bièvre*, se prolongent jusqu'à la Seine, en face de *Villeneuve-Saint-Georges*, et, dans Paris même, en face de la Cité, par la **montagne Sainte-Geneviève** qui a 60 mètres d'altitude, et domine par conséquent les quais du fleuve d'environ 35 mètres.

Entre ces deux séries de plateaux méridionaux, la

dépression qui les sépare est bien *moins profonde que la vallée de la Seine*, puisque les bassins du parc de Versailles qui en occupent le fond sont encore à 100 mètres.

Hauteurs de l'est. — Les hauteurs qui dominent Paris ou y pénètrent *à l'Est* sont moins bien dessinées que celles du N. et du S.-O. Pourtant entre le canal de l'Ourcq et la Marne on distingue une *ligne de plateaux nettement orientée de l'E. à l'O.* Les hauteurs de *Vaujours*, le *plateau d'Avron*, le plateau qui porte les *forts de l'Est*, *Belleville* et le *cimetière du Père-La-Chaise*, la **butte Montmartre**, *Passy* forment un chapelet de terres élevées qui couvrent de son extrémité *tout le N. de la capitale*. Leur altitude moyenne est de 120 mètres, excepté pour Passy, dont le point le plus élevé n'est plus qu'à 65 mètres.

Hauteurs du sud-est. — Au sud-est, entre la Marne et la Seine, s'étalent de **grands plateaux** qui n'ont que 100 mètres d'altitude, et qui, au lieu d'être découpés en fragments nombreux, comme ceux de l'E., du N. et du S.-O., forment au contraire de *vastes surfaces continues*, entaillées superficiellement par les *sillons parallèles*, où coulent les petits ruisseaux du *Morbras*, du *Réveillon* et de l'*Yerre*. C'est le commencement de la **Brie**, et la partie la moins pittoresque des environs de Paris.

Les dépressions parisiennes. — Entre ces quatre catégories de hauteurs qui environnent Paris et qui y entrent, sur la rive gauche comme sur la rive droite, s'étendent des *parties déprimées*, où l'on peut distinguer deux zones distinctes. La plus vaste est au N. Bien délimitée dans sa partie occidentale, elle y forme, entre les hauteurs de Cormeilles et celles de Marly le *large corridor*, où la Seine décrit ses circuits les plus accentués. Elle se prolonge, à l'*E. de Saint-Denis*, par les plaines doucement ondulées où coulent le *Rouillon* et ses affluents, et où passe le *canal* *de l'Ourcq*, au N. du plateau de Vaujours. Ces plaines s'élèvent peu à peu, dans la direction de l'est. **Saint-Denis** marque donc le *point central* de cette dépression.

Une seconde zone moins vaste est comprise entre les plateaux du N. de Paris (Passy, Montmartre, Belleville, etc.), et ceux de la Brie d'une part, et d'autre part les dernières croupes qui se détachent des plateaux de Verrières pour aboutir à la Montagne-Sainte-Geneviève. C'est en somme une *vallée assez étroite*, où la Seine *coule droit devant elle*, sans décrire de circuits. Elle rejoint l'autre dépression entre Passy et le Mont-Valérien.

Elle est, quoique la plus petite, de beaucoup *la plus importante*. C'est là que *la Marne rejoint la Seine*, au sortir d'une étroite et pittoresque vallée ; c'est là que **Paris s'est fondé et développé**, entre les hauteurs de Montmartre et de la Montagne-Sainte-Geneviève, qu'il a escaladées toutes les deux.

La Seine et la Marne. — Ainsi la **Seine** *passe d'une vallée dans une autre*, au moment même où elle sort de Paris. Elle est le lien entre ces deux dépressions. Venue du S.-E., elle garde cette direction et a un cours très simple jusqu'à ce qu'elle se heurte aux *pentes de Passy ;* celles-ci la rejettent vers le S.-O. Elle se heurte alors aux *plateaux qui dominent Saint-Cloud* et se dirige vers le N.-E. *en longeant le pied du Mont-Valérien*. Les *plateaux de Montmorency et de Cormeilles* la renvoient une première fois vers le S.-O. ; ceux de *Marly* vers le N.-E. ; elle butte alors pour la seconde fois contre les *hauteurs de Cormeilles* qui l'infléchissent de nouveau vers le S.-O.

Quant à la **Marne**, son cours décrit lui aussi des *circuits* déterminés également par les *plateaux qui lui barrent le chemin*. Ainsi, au moment même où elle va arriver à la Seine, le plateau des forts de l'Est *s'interpose devant elle*, et l'oblige à faire vers le sud une

double boucle de forme très curieuse. Elle est alors tellement en contre-bas des terres environnantes, que, pour passer des plateaux du fort de Nogent à ceux de la Brie, le *chemin de fer de Paris à Belfort* traverse la vallée sur un viaduc extrêmement élevé.

Comment Paris s'agrandit sans cesse par des villes faubourgs. — En résumé, Paris s'est construit dans un *fond de vallée assez étroit*, autour duquel se dressent des buttes, des crêtes, des *collines*, des *plateaux*, qui l'ont d'abord dominé de tous les côtés. Par ses agrandissements successifs, la ville s'est étendue peu à peu sur les hauteurs qui l'avoisinaient immédiatement, et qui forment aujourd'hui ses *quartiers excentriques et élevés*.

Ce mouvement d'extension continue toujours, *malgré la construction de l'enceinte bastionnée*, et il s'est formé tout autour de celle-ci des **villes faubourgs**, riches et populeuses communes, dont l'importance augmente tous les jours. Ici les *grandes industries* cherchent de *vastes espaces*, plus faciles à trouver et moins coûteux qu'à l'intérieur de Paris ; il s'y porte une *population ouvrière* considérable, avide de travail ou désireuse seulement de *vivre à meilleur marché* que dans Paris. Là c'est l'agriculture ou plutôt l'*horticulture* qui donne naissance à d'importantes communes ; elles vivent, s'enrichissent et s'agrandissent en cultivant pour la capitale les *jardins maraîchers*, dont les produits sont portés toutes les nuits aux *halles*, dans d'innombrables charrettes. Ailleurs enfin, là où les inégalités du sol ménagent de *belles vues* et donnent un *air pur* ; partout où le calme des bois et des eaux promet un contraste avec la vie agitée de Paris, d'*innombrables maisons de campagnes* se sont élevées : il y en a pour tous les goûts et pour toutes les bourses, depuis les châteaux et les palais construits par les grands industriels et les financiers opulents, jusqu'aux maison-nettes des ouvriers.

Ainsi, il y a autour de Paris, trois sortes de communes annexes : les *communes industrielles*, comme Levallois, Saint-Denis ; les *communes horti-coles*, comme Montrouge, Montreuil ; les *stations de plaisance*, comme Nogent, Saint-Cloud, Marly. Quel-ques-unes *participent de ces trois caractères différents*.

Villes faubourgs de l'O., du N., et du N.-O. — Première zone. — C'est du côté de l'O., du N., et du N.-O. que se sont formées les villes faubourgs les plus importantes. C'est de ce côté, en effet, que Paris, après avoir escaladé et franchi les hauteurs de Passy et de Montmartre, trouve devant lui *les plus vastes espaces découverts*, pour s'agrandir dans la grande dépression du nord. Entre les fortifications et le grand replis de la Seine se trouvent **Boulogne** avec 30 000 habitants ; *Neuilly*, avec 26 000 ; **Levallois**, avec 36 000 ; *Clichy*, avec 27 000 ; *Saint-Ouen*, avec 21 000 ; **Saint-Denis** enfin, avec 48 000. En conti-nuant vers l'est, on trouve *Aubervilliers*, avec 22 000, *Pantin*, avec 19 000, les *Prés-Saint-Gervais* avec 7 000. Cela fait, dans le vaste espace plat qui entoure les fortifications depuis le coude de la Seine à Meu-don jusqu'au plateau de Romainville, un immense faubourg de **240 000 habitants** où il n'y a guère d'espace un peu étendu privé d'habitations, si ce n'est le *Bois de Boulogne*, intercalé entre Boulogne et Neuilly. En de certains endroits, les maisons sont aussi pressées et aussi hautes que dans les plus popu-leux quartiers de Paris.

Deuxième zone. — La *cohésion* de ces grandes communes *avec Paris* est telle, malgré le fossé et le rempart des fortifications, qu'on a déjà proposé de *démolir celles-ci*, et de reporter les limites de la capitale à la *rive droite de la Seine*. Paris aurait alors pour fau-bourgs de ce côté une *seconde zone de communes subur-*

baines, qui se développent de l'autre côté du fleuve, comme la première s'étend de l'autre côté de l'enceinte bastionnée : *Meudon, Sèvres, Saint-Cloud, Suresnes*, **Puteaux**, **Courbevoie**, **Asnières**. Il y a là encore **80 000 habitants**. Cette seconde zone forme même une pointe très accentuée vers le nord-ouest avec **Colombes**, et en face de Colombes, derrière un second repli de la Seine, **Argenteuil**, villes de 14 000 et de 12 000 habitants.

En somme, l'agglomération suburbaine du N.-O. de Paris, comprend une *vingtaine de communes* dont quelques-unes sont de **grandes villes**. Juxtaposées les unes aux autres, comme elles sont juxtaposées à Paris, elles forment autour de lui un *vaste croissant qui l'égale en superficie;* il s'étend de *Meudon* à *Pantin* en passant par *Argenteuil* et *Saint-Denis*, et s'appuie, du côté du S.-O., au Mont-Valérien et aux plateaux de Saint-Cloud; du côté du N., à la crête de Cormeilles en Parisis; du côté de l'est, aux plateaux de Romainville. Dans cet espace le recensement de 1886 a compté en tout **360 000 habitants**.

Villes faubourgs du sud. — Du côté du sud et de l'est, où l'enceinte de Paris confine non pas à des plaines mais à des *plateaux*, les agglomérations suburbaines sont *bien moins importantes* qu'au N., au N.-O. et à l'O. Au sud, les communes d'*Issy*, de *Vanves*, de *Malakoff*, de *Montrouge*, de *Gentilly*, d'*Ivry* et de *Vitry*, forment, il est vrai, une ceinture de villes faubourgs, remarquable par sa cohésion et sa continuité; mais elle n'a que peu de largeur entre Paris et la région où s'ouvrent les *carrières de pierres*. Sauf Ivry qui a 31 000 habitants, les plus importantes de ces communes dépassent à peine le chiffre de 10 000 habitants. Cela ne fait pas tout à fait 80 000 *habitants* que, de ce côté là, le fossé des fortifications sépare seul de Paris.

Villes faubourgs de l'est. — A l'est, les

communes suburbaines de Paris, au lieu de serrer de près la ville, sont *dispersées sur le vaste plateau* qui sépare la ville de la Marne ; elles forment comme deux cercles disposés autour de ce plateau et du *bois de Vincennes*, et ne touchent à la capitale que par *Charenton*, *Vincennes* et les *Lilas*. Le cercle du nord se compose des *Lilas*, de *Romainville*, de **Montreuil** (21 000 hab.,) et de Bagnolet. On peut y rattacher, non plus sur le plateau, mais au pied de son revers N.-E. *Noisy-le-Sec* et *Rosny-sous-Bois*. Le cercle du sud se compose de **Vincennes** (22 000 hab.,) *Fontenay-sous-Bois*, *Nogent-sur-Marne* (13 000 hab.,) *Saint-Maur* (16 000) avec *Joinville-le-Pont* sur l'autre rive de la Marne ; *Saint-Maurice*, *Charenton* (13 000 hab.,) avec *Alfortville* de l'autre côté de la Marne, et enfin *Saint-Mandé* (10 000 hab.). Cela fait pour l'est de Paris **140 000** habitants.

Le chiffre est considérable, mais cette population est bien *moins dense*, moins fortement serrée dans son ensemble que celle du reste de la banlieue immédiate. Les villes et les villages ne s'y touchent que par leurs *extrémités*, et laissent entre eux de vastes espaces pour la *culture* et les *bois*. Les agglomérations les plus voisines de Paris, au lieu de se développer parallèlement aux fortifications, *s'allongent* au contraire sur les grandes routes qui sortent de la ville.

Population totale des communes qui forment la banlieue immédiate de Paris. — Si l'on additionne la population de ces trois grands groupes de communes, juxtaposées à Paris: **360 000** pour le N.-O.; **140 000** pour l'E., **80 000** pour le S. ; on voit qu'il y a tout autour de Paris près de **600 000** habitants qui dépendent en réalité de la capitale, dont la vie est étroitement liée à la sienne. Ce chiffre dépasse de beaucoup celui des deux plus grandes villes de France après Paris, **Lyon** et **Mar-**

seille, qui n'ont que 400 000 et 375 000 habitants.

En résumé, *l'agglomération parisienne totale*, si l'on fait abstraction des fortifications, et que l'on compte, comme on fait pour *Londres*, tous les villages et les villes qui touchent Paris et se touchent les uns les autres, n'est pas de 2 350 000 habitants, mais bien de 2,930,000, tout près de **3 millions** d'habitants.

Autres villes de la banlieue parisienne. — Versailles et Saint-Germain. — Au reste, au delà de cette ceinture de villes, qui enveloppe Paris de tous les côtés, il s'en trouve encore d'autres qui, *plus éloignées,* ont une *existence plus personnelle*, mais n'en dépendent pas moins de la banlieue de Paris. **Versailles** avec 50 000 habitants, perdus dans l'immensité d'une ville bâtie pour la cour de Louis XIV, est pour bien des gens un Paris à la campagne, et les deux lignes ferrées qui le relient à Paris sont le théâtre d'un *va-et-vient de voyageurs extraordinairement actif ;* beaucoup de personnes ont leurs occupations à Paris, et leur habitation à Versailles ; beaucoup de maisons parisiennes ont aussi leurs établissements industriels à Versailles. **Saint-Germain-en-Laye** (16 000 h.) est également dans une étroite dépendance de Paris, qu'on aperçoit d'ailleurs, du haut de la terrasse, derrière les triples sinuosités de la Seine : c'est une des villégiatures préférées des Parisiens.

Beaucoup d'autres communes moins importantes que Versailles et Saint-Germain, rentrent de même dans la banlieue de Paris, quoiqu'elles en soient déjà assez éloignées. *Nanterre, Rueil, Croissy, Chatou, Bougival, le Vésinet, Port-Marly,* forment comme une chaîne de Courbevoie à Saint-Germain. Au delà de Saint-Germain, **Poissy** a été longtemps un grand marché à bestiaux qui devait toute son importance à Paris. Entre Sèvres et Versailles, c'est *Chaville, Viroflay* et *Ville-d'Avray.*

Au sud, une série de villages non moins chers aux parisiens environnent les grands plateaux qui vont de Châtillon à Versailles : *Clamart, Châtillon, Bagneux, Fontenay-aux-Roses, Sceaux, le Plessis-Piquet, Verrières, Bièvre, Jouy-en-Josas,* au fond de la charmante vallée où naît la Bièvre. Dans la vallée inférieure et élargie de ce ruisseau s'échelonnent *Antony, Bourg-la-Reine, Arcueil.* Plus au sud, *Orsay* et *Palaiseau* marquent les limites extrêmes de la banlieue.

Sur la Seine c'est *Choisy-le-Roi* et *Villeneuve-Saint-Georges.*

A l'est, *Boissy-Saint-Léger, Sucy-en-Brie, Champigny, Villiers, Bry, Neuilly-sur-Marne, le Raincy,* forment une ceinture de villages de plaisance aux communes plus populeuses qui de ce côté avoisinent plus directement Paris.

Au nord, le *Bourget, Stains, Pierrefitte,* sont des dépendances de Saint-Denis ; *Écouen, Montmorency, Enghien, Saint-Leu-Taverny,* entre les hauteurs de Cormeilles et celles de Montmorency, prennent une place importante dans la villégiature parisienne.

La villégiature parisienne. — D'une manière générale, ce sont les *bois* et les *mouvements du sol* qui valent leur prospérité aux stations d'été des environs de Paris. Le plus souvent, les bois se trouvent sur les *plateaux* qui couronnent les hauteurs, si bien que les trois agréments de la vue, du grand air, de la verdure épaisse, se trouvent souvent réunis. *Meudon, Saint-Cloud, Ville-d'Avray, Viroflay, Marly,* sont privilégiés sous ce rapport. La carte montre que, de ce côté, *une longue zone de forêts couvre les plateaux du sud-ouest,* et va rejoindre la **forêt de Saint-Germain** qu'enclave un repli de la Seine. Aussi est-ce de ce côté que se trouvent *les plus belles et les plus nombreuses maisons de campagne* des environs de Paris. **Versailles** est le centre de ces pays de villégiature.

A l'est, le bois de la Brie, (bois Notre-Dame), ceux du plateau de Vaujours et la *beauté des bords de la Marne* attirent également pendant l'été un très grand nombre de Parisiens ; il en est de même aussi des villages du nord, d'**Enghien** (station thermale) à *Montmorency*. Là aussi se trouvent de fort belles maisons de plaisance, mais la moyenne générale du luxe y est bien au-dessous de celle de la région sud-ouest.

Aux portes mêmes de Paris, les communes qui entourent les bois de Boulogne et de Vincennes, **Neuilly** et *Boulogne* d'une part, *Saint-Mandé* et *Vincennes* de l'autre, servent à la villégiature non seulement pendant l'été, mais souvent aussi toute l'année, pour les personnes avides de bon air.

Dans la grande zone plate où la Seine décrit ses principales courbes, c'est le *fleuve lui-même*, dont le cours largement déployé forme le *principal attrait*. *Suresnes*, *Asnières*, *Argenteuil* sont fréquentées par les amateurs de canotage qui se partagent entre la basse Seine et la Marne.

La culture maraîchère. — La culture maraîchère pour l'alimentation de Paris a pris son principal développement *dans la zone plate du nord :* elle s'est approprié une grande partie de la **presqu'île de Gennevilliers**, où les eaux des égouts de Paris ont accru dans des proportions énormes la fertilité de la terre ; elle s'étend à l'est de la Seine sur tous les terrains peu accidentés qui enveloppent Paris et le plateau des forts de l'Est, au N. et au N.-E., de Saint-Denis à Nogent-sur-Marne. Au sud, les *longues ondulations*, qui s'étendent des plateaux de Verrières et de Châtillon aux fortifications, ont aussi offert un terrain très propice à la culture maraîchère, qui fait la richesse d'Arcueil, de Villejuif, de Bagneux, de Sceaux, de Fontenay. C'est de ce côté que se trouvent les *principaux établissements horticoles* et les plus *riches pépinières* des environs de Paris.

L'industrie autour de Paris. — L'industrie parisienne a, on peut le dire, *pris pied dans tous les environs*. On ne peut sortir d'aucun côté de Paris, sans apercevoir sur l'horizon le profil de *hautes cheminées d'usine*. Mais, sous ce rapport, la région du nord l'emporte de beaucoup sur toutes les autres : *Suresnes*, **Puteaux**, *Rueil*, *Nanterre*, *Courbevoie*, **Levallois**, **Clichy**, *Saint-Ouen*, **Saint-Denis**, *Aubervilliers*, *Pantin*, sont des villes industrielles extrêmement importantes. On y retrouve, en plus grand nombre, toutes les sortes d'usines que possèdent déjà les quartiers excentriques de Paris : *fonderies, teintureries, usines à gaz, fabriques de produits chimiques, scieries, constructions mécaniques*, etc. Entre Paris et Saint-Denis, dans une plaine où nos grands pères chassaient autrefois le lièvre et le perdreau, c'est une suite ininterrompue d'établissements, qui font fumer sans cesse les cheminées de leurs chaudières. Nos grands facteurs de pianos, nos principaux fabricants de produits alimentaires, ont là leurs dépôts et leurs usines.

Au sud-est, sur la haute Seine, **Ivry**, *Vitry*, *Choisy-le-Roi* et *Thiais* forment aussi une petite zone industrielle très active. Les forges et la fabrication des poteries en font la principale importance.

Sur les bords de la Marne, *Nogent*, et sur ceux de la Seine, *Boulogne*, ont la spécialité de blanchir le linge des parisiens.

Les **industries extractives** sont aussi très développées autour de Paris, du moins pour ce qui concerne les *matériaux de construction*. C'est au sud de Paris que se trouvent les grandes carrières d'où sortent les **pierres de taille** destinées à bâtir les hautes maisons à cinq étages. Les plateaux de *Meudon* fournissent leur *sable* et leurs *pierres meulières*. On tire le **plâtre** des coteaux de *Cormeilles* au nord, de *Vaujours* à l'est, de *Palaiseau* au sud.

Défense militaire des environs de Paris. — Peuplés comme ils le sont, et reliés à Paris par tant d'intérêts de toutes sortes, les environs *ne peuvent pas être laissés en dehors de la défense* de la capitale, pour le cas où elle serait attaquée. Lorsque la grande enceinte fortifiée et les forts qui en dépendent furent construits sous Louis-Philippe, on s'était proposé de défendre seulement les *abords de la place*. **Saint-Denis** au N., le **Mont-Valérien** à l'O. étaient les positions stratégiques les plus éloignées. Le siège de 1870-71 a montré que ces positions étaient devenues insuffisantes en face des progrès de l'artillerie, et *on a reculé la ligne de défense beaucoup plus loin*. Par là on s'est proposé d'atteindre simultanément plusieurs buts. On a voulu placer les forts nouveaux de telle sorte qu'ils ne soient *dominés de nulle part;* on a voulu donner à leur ligne un développement tel que, pour l'assiéger, il faille *immobiliser des armées entières;* on n'a voulu laisser exposées aux coups de l'ennemi aucune partie des environs, importante au point de vue de *l'alimentation* ou de *l'industrie parisienne.*

L'ancienne ligne de forts. — L'ancienne ligne de forts comprenait quatre groupes. **Saint-Denis** et *Aubervilliers* barraient l'accès de la grande zone plate du nord du côté de l'est. C'est de ce côté que se sont livrées en 1870 les batailles du Bourget.

A l'ouest le replis de la Seine de Meudon à Saint-Denis protégait Paris, et le Mont-Valérien renforçait cette défense d'une façon formidable. Au sud les forts d'Issy, de Vanves, de Montrouge, de Bicêtre, d'Ivry et de Charenton doublaient seulement les fortifications; dominés par les *hauteurs de Châtillon* ils n'ont pu empêcher le bombardement de Paris en 1871. A l'est, ceux de Romainville, de Noisy, de Rosny, de Nogent et de Vincennes couronnaient la bordure extérieure du plateau qui couvre l'est de

Paris; mais eux aussi étaient dominés par les hauteurs avoisinantes, notamment par le *plateau d'Avron*, théâtre d'une des plus meurtrières batailles du siège.

La nouvelle ligne de forts. — Aujourd'hui l'importance de ces forts est bien diminuée par la construction de nouveaux forts placés pour la plupart sur les points culminants où les Prussiens avaient établi leurs batteries en 1870.

Au nord, les *crêtes de Montmorency, d'Écouen* et *de Cormeilles,* commandent de loin la plaine Saint-Denis et les boucles septentrionales de la Seine.

Au sud-ouest, les forts de *Marly, Saint-Cyr,* le *Haut-Buc, Villeras, Palaiseau, Verrières* et *Châtillon,* enveloppent entièrement les grands plateaux d'où les Prussiens bombardèrent la rive gauche, et *protègent* **Versailles.**

A l'Est, de la Seine au canal de l'Ourcq, ceux de *Villeneuve-Saint-Georges, Sucy, Champigny, Villiers, Chelles* et *Vaujours* couronnent les hauts plateaux de l'est, où les Prussiens avaient aussi de formidables retranchements.

Cette immense circonvallation de forts présente *trois lacunes :* au nord-ouest, entre Cormeilles et Marly; au nord-est entre Écouen et Vaujours; au Sud, entre Palaiseau et Villeneuve-Saint-Georges. Mais du premier côté la **Seine** forme un *triple fossé* extrêmement solide, et, des deux autres, les lacunes *ont été ménagées avec intention* pour préparer des **champs de bataille** étudiés à l'avance et favorables à l'assiégé.

Quoi qu'il en soit, Paris forme aujourd'hui, avec ses environs, **le plus formidable camp retranché qui soit au monde,** et s'il a pu résister trois mois dans l'état où il se trouvait en 1870, on peut se demander si, dans celui d'aujourd'hui, il n'est pas imprenable.

B. — QUESTIONNAIRE

sur la Carte n° 24 bis (Paris et environs).

Les environs de Paris.

1. *Quel est le trait caractéristique de la position géographique de Paris?* — **R.** Il est au centre du bassin parisien.

2. *Quel est le sens du mot bassin dans l'expression bassin parisien?* — **R.** Il signifie que la région qui porte ce nom a la forme d'une vaste dépression circulaire, d'une immense cuvette, entourée de toutes parts par des terres plus élevées.

3. *Quelles sont les terres plus élevées qui entourent le bassin parisien?* — **R.** Au Sud le Massif central; au Sud-Est les montagnes bourguignonnes; à l'Est les plateaux lorrains; au Nord-Est, le plateau des Ardennes; au Nord, le dos de pays de l'Artois et du Boulonnais; au Nord-Ouest, le plateau de Caux; à l'ouest, les collines normandes.

4. *Est-ce que le bassin parisien est une plaine?* — **R.** Non, malgré son peu d'élévation, le bassin parisien n'est pas une plaine; sa surface est très inégale.

5. *Ne renferme-t-il pas des plaines?* — **R.** Oui, il renferme les plaines de la Beauce et de la Champagne pouilleuse.

6. *Quelle est la partie la plus accidentée du bassin parisien?* — **R.** C'est le centre, les environs de Paris.

7. *D'où viennent les accidents principaux du relief du sol dans le bassin parisien?* — **R.** Ils ont été produits par les courants diluviens qui ont balayé sa surface à la fin de l'époque glaciaire.

8. *Qu'est-ce que l'époque glaciaire?* — **R.** C'est une période où un froid intense fit descendre les glaciers polaires jusqu'en Allemagne, et couvrit de glaciers énormes toutes les montagnes de l'Europe.

9. *Dans quel sens les courants diluviens ont-ils balayé la surface du bassin parisien?* — **R.** Dans le sens où s'ouvrent les principales vallées, c'est-à-dire de l'Est à l'Ouest et du Sud-Est au Nord-Ouest.

10. *Quelle est la profondeur moyenne des vallées creusées par les courants diluviens?* — **R.** Elle est de plus de 100 mètres aux environs de Paris.

11. *A quelle altitude la Seine coule-t-elle à Paris?* — **R.** A 25 mètres environ au-dessus du niveau de la mer.

12. *Quelle est l'altitude des collines comprises dans l'intérieur de Paris?* — **R.** La butte Montmartre et Belleville ont 130 mètres.

13. *Citez d'autres hauteurs voisines de Paris et plus élevées encore.* — **R.** Les crêtes de Montmorency et celles de Cormeilles en Parisis ont 170 mètres.

14. *Citez une ville voisine de Paris et beaucoup plus élevée que lui.* — **R.** Versailles est à 140 mètres.

15. *Quelle est la nature des hauteurs qui dominent Paris au Nord?* — **R.** Ce sont des crêtes étroites et allongées orientées du Nord-Est au Nord-Ouest.

16. *Quelle est la nature des hauteurs qui dominent Paris du côté du Sud?* — **R.** Ce sont de vastes plateaux orientés dans le même sens.

17. *Quels sont les plateaux du Sud les plus voisins de Paris?* — **R.** Ce sont ceux de Saint-Cloud, de Marly, de Saint-Germain-en-Laye (175 m.) auxquels se rattache le Mont-Valérien (162 m.).

18. *Quels sont les plateaux qui s'étendent au Sud de Saint-Cloud?* — **R.** Ce sont les plateaux de Verrières et de Meudon (170 m.).

19. *Jusqu'où s'étendent les croupes orientales du plateau de Verrières?* — **R.** Au Nord jusqu'à la montagne Sainte-Geneviève qui a 60 mètres d'altitude; à l'Est jusqu'en face de Villeneuve-Saint-Georges, sur la rive gauche de la Seine.

20. *Par quoi sont séparés les plateaux de Saint-Cloud et ceux de Meudon?* — **R.** Par une dépression où se trouvent les bassins du parc de Versailles.

21. *Cette dépression est-elle aussi profonde que la vallée de la Seine?* — **R.** Elle l'est beaucoup moins, puisque les bassins sont encore à 100 mètres d'altitude.

22. *Quelles sont les hauteurs qui s'élèvent à l'Est de Paris?* — **R.** Ce sont de vastes plateaux orientés de l'Est à l'Ouest et hauts de 120 mètres en moyenne. On y distingue le plateau de Vaujours, celui d'Avron, celui du fort de l'Est.

23. *Le plateau du fort de l'Est est-il entièrement hors de Paris?* — **R.** Non; la partie occidentale est dans Paris et porte les quartiers de Belleville, Ménilmontant et Charonne.

24. *Cette série de plateaux s'arrête-t-elle à Belleville?* — **R.** Non, elle se prolonge par Montmartre et Passy.

25. *Quelles sont les hauteurs qui dominent Paris du côté du Sud-Est?* — **R.** Ce sont les grands plateaux de la Brie compris entre la Seine et la Marne.

26. *Les plateaux du Sud-Est ont-ils une surface uniforme?* — **R.** Non, ils sont entaillés par des sillons parallèles où coulent de petits ruisseaux : le Morbras, le Réveillon, l'Yerre.

27. *Quelle est la forme des parties basses comprises entre toutes les hauteurs parisiennes?* — **R.** Ce sont deux zones distinctes, une au Nord s'étendant de l'Est à l'Ouest; une autre au Sud, dirigée du Sud-Est au Nord-Ouest, et aboutissant à la première entre Passy et le Mont Valérien.

28. *Quel est le centre de la dépression du Nord?* — **R.** La ville de Saint-Denis.

29. *Quel aspect a-t-elle à l'Est de Saint-Denis?* — **R.** Ce sont des plaines doucement ondulées, où coule le Rouillon et où passe le canal de l'Ourcq; elle passe entre les hauteurs de Montmorency et celle du fort de l'Est et s'élève doucement vers le Nord-Est.

30. *Quel aspect a la plaine du Nord à l'Ouest de Saint-Denis?* — **R.** C'est la vallée même où serpente la Seine vallée très large comprise entre les crêtes de Cormeilles et les plateaux de Saint-Cloud.

31. *Quelle est la plus importante des deux plaines parisiennes?* — **R.** Celle du Sud, parce que la Marne y rejoint la Seine et que s'y trouve le centre de Paris.

32. *Quel est le lien naturel entre ces deux plaines?* — **R.** La Seine qui passe de la plaine du Sud, dans la plaine du Nord après avoir doublé la colline de Passy.

33. *Quel est le trait caractéristique de la Seine aux environs de Paris?* — **R.** Ce sont les circuits par lesquels elle va d'un bord à l'autre de la plaine du Nord, à l'Ouest de Saint-Denis.

34. *La Marne n'a-t-elle pas un dessin analogue à celui de la*

Seine aux environs de Paris? — **R.** Elle décrit aussi une double boucle très curieuse quand elle vient se heurter au plateau des forts de l'Est.

35. *L'agglomération parisienne est-elle limitée par l'enceinte des fortifications?* — **R.** Non; Paris est toujours entouré de villes nouvelles qui forment ses faubourgs.

36. *Où sont les principales villes faubourgs de Paris?* — **R.** A l'Ouest, au Nord et au Nord-Ouest.

37. *Pourquoi est-ce de ce côté que les faubourgs de Paris se développent le plus?* — **R.** Parce que c'est là que se trouvent aux portes de Paris les plus grands espaces plats.

38. *Citez les villes qui, de ce côté, entourent Paris.* — **R.** Boulogne, Neuilly, Levallois, Clichy, Saint-Ouen, Saint-Denis, Aubervilliers, les Prés-Saint-Gervais, Pantin.

39. *Quelles sont les plus considérables de ces villes?* — **R.** Saint-Denis avec 48 000 habitants, Levallois avec 36 000, Boulogne avec 30 000.

40. *Combien y a-t-il de ce côté d'habitants agglomérés autour de Paris?* — **R.** Il y en a 240 000.

41. *Quelles sont les villes qui de l'autre côté de la Seine font face à celles qui environnent Paris du côté de l'Ouest?* — **R.** Meudon, Sèvres, Saint-Cloud, Suresnes, Puteaux, Courbevoie, Asnières.

42. *Combien ont-elles d'habitants?* — **R.** Elles en ont 80 000.

43. *Quelles sont de ce côté les dernières communes qui touchent à la grande agglomération?* — **R.** Colombes et Argenteuil, avec 26 000 habitants à elles deux.

44. *Quelles sont les limites naturelles de l'agglomération parisienne de ce côté?* — **R.** Les plateaux de Meudon, ceux de Saint-Cloud et le Mont-Valérien, les crêtes de Cormeilles, le plateau du fort de l'Est.

45. *Combien y a-t-il d'habitants en tout dans les villes qui bordent Paris à l'Ouest au Nord-Ouest et au Nord?* — **R.** Il y en a 360 000.

46. *Quelles sont les villes faubourgs de Paris du côté du Sud?* — **R.** Issy, Vanves, Malakoff, Montrouge, Gentilly, Ivry, Vitry.

47. *Quelle est la plus importante?* — **R.** Ivry, avec 34 000 habitants.

48. *Combien ont-elles d'habitants en tout?* — **R.** 80 000.

49. *Par quoi sont-elles limitées du côté du Sud ?* — **R.** Par les carrières de pierre des plateaux du Sud.

50. *Comment sont disposées les villes faubourgs de Paris du côté de l'Est ?* — **R.** Elles forment deux séries circulaires sur les plateaux qui s'étendent entre la ville et la Marne.

51. *Quelles sont les villes de la série du Nord ?* — **R.** Les Lilas, Romainville, Montreuil, Bagnolet, sur le plateau, et au pied du plateau, Noisy-le-Sec et Rosny-sous-Bois.

52. *Quelles sont les villes de la série du Sud ?* — **R.** Vincennes, Fontenay-sous-Bois, Nogent-sur-Marne, Saint-Maur, Saint-Maurice, Charenton, Saint-Mandé et de l'autre côté de la Marne Joinville-le-Pont et Alfortville.

53. *Toutes ces villes touchent-elles Paris ?* — **R.** Non, il n'y a que Charenton, Vincennes et les Lilas qui touchent Paris.

54. *Quelles sont les plus peuplées de ces villes ?* — **R.** Au Nord, Montreuil avec 21 000 habitants, au Sud Vincennes avec 22 000.

55. *Combien ces villes de l'Ouest ont-elles d'habitants en tout ?* — **R.** 140 000.

56. *Qu'y a-t-il de particulier dans la disposition de ces villes ?* — **R.** C'est qu'elles ne sont pas étroitement mêlées entre elles comme les villes des autres côtés ; il y a entre elles de vastes espaces en culture et en bois.

57. *Quelle est la population totale des trois groupes de communes qui entourent Paris ?* — **R.** Elle est de près de 600 000 habitants.

58. *Y a-t-il en France d'autres agglomérations urbaines aussi considérables ?* — **R.** Non ; Lyon n'a que 400 000 habitants, et Marseille 375 000.

59. *Quel est le chiffre total de l'agglomération parisienne, ville et villes faubourgs compris ?* — **R.** Il est de plus de 2 900 000 habitants, près de 3 millions.

60. *N'y a-t-il dans la dépendance de Paris que des villes qui touchent Paris ?* — **R.** Non ; il y a au delà des communes qui touchent Paris, d'autres villes qui font partie de la banlieue parisienne et dont l'existence est étroitement rattachée à celle de Paris.

61. *Quelle est la principale de ces villes ?* — **R.** C'est Versailles qui a 50 000 habitants.

62. *Citez-en une autre aussi très importante.* — **R.** Saint-Germain-en-Laye avec 16 000 habitants.

63. *Citez les principales communes situées entre Sèvres et Versailles.* — **R.** Chaville, Viroflay, Ville-d'Avray.

64. *Citez les principales communes situées entre Courbevoie et Saint-Germain.* — **R.** Nanterre, Rueil, Croissy, Chatou, Bougival, le Vésinet, Port-Marly.

65. *Quelle est la ville importante située au delà de Saint-Germain qui fut longtemps le marché à bestiaux de Paris?* — **R.** C'est Poissy.

66. *Quelles sont les communes disposées sur les plateaux entre Verrières et Versailles?* — **R.** Clamart, Chatillon, Bagneux, Fontenay-aux-Roses, Sceaux, le Plessis-Piquet, Verrières, Bièvre, Jouy-en-Josas.

67. *Qu'est-ce que le Josas?* — **R.** C'est une vallée creusée dans ces plateaux et où naît la Bièvre.

68. *Quels sont les villages situés sur le cours inférieur de la Bièvre?* — **R.** Antony, Bourg-la-Reine, Arcueil.

69. *Quelles sont les communes les plus méridionales de la banlieue parisienne?* — **R.** Palaiseau et Orsay.

70. *Quelles sont celles qui sont situées sur la Seine, en amont du confluent de la Marne?* — **R.** Choisy-le-Roi et Villeneuve-Saint-Georges.

71. *Quels sont les villages de plaisance situés au delà des villes faubourgs de l'Est?* — **R.** Boissy-Saint-Léger, Sucy-en-Brie, Champigny, Villiers, Bry, Neuilly-sur-Marne, le Raincy.

72. *Quelles sont les dépendances extrêmes de Saint-Denis?* — **R.** Le Bourget, Stains, Pierrefitte.

73. *Quels sont les principaux endroits de villégiature compris entre les crêtes de Montmorency et celles de Cormeilles?* — **R.** Enghien, Saint-Leu-Taverny, Écouen, Montmorency.

74. *Quels sont les principaux agréments des environs de Paris au point de vue de la villégiature?* — **R.** Ce sont les mouvements du sol et les bois.

75. *Où se trouvent surtout les bois et les forêts?* — **R.** Sur les plateaux.

76. *Où sont les principaux bois des environs de Paris?* — **R.** Sur les plateaux du Sud-Ouest, de Verrières à la forêt de Saint-Germain, en passant par Clamart, Meudon, Saint-Cloud, Ville-d'Avray, Viroflay, Marly.

77. *Quelle est le centre de cette région de villégiature?* — **R.** C'est Versailles.

78. *Versailles est-il seulement un centre de villégiature ?* — **R.** Non, Versailles est aussi une succursale de l'industrie parisienne.

79. *Quel est à l'Est le principal attrait des environs de Paris ?* — **R.** Ce sont les bords de la Marne.

80. *N'y a-t-il pas dans Paris même un quartier qui peut être considéré comme un quartier de villégiature ?* — **R.** Oui ; c'est le quartier d'Auteuil et de Passy.

81. *N'y a-t-il pas aussi aux portes de Paris plusieurs villes qui servent d'une manière permanente à la villégiature parisienne ?* — **R.** Oui ; ce sont celles qui entourent les bois de Boulogne et de Vincennes ; Neuilly et Boulogne pour le premier, Vincennes et Saint-Mandé pour le second.

82. *Quelles sont les principales stations de canotage de la basse Seine ?* — **R.** Suresnes, Asnières, Argenteuil.

83. *Quel est le terrain le plus favorable à la culture maraîchère, dans les environs de Paris ?* — **R.** Ce sont les terrains plats de la zone basse du Nord, et en particulier la presqu'île de Gennevilliers.

84. *D'où vient la fertilité des plaines de Gennevilliers ?* — **R.** De leur arrosage avec les eaux d'égout de Paris.

85. *Où se trouvent les principales pépinières et les établissements horticoles les plus importants des environs ?* — **R.** Au Sud de Paris, entre les plateaux du Sud-Ouest et la Seine.

86. *D'où viennent les développements de l'industrie aux environs ?* — **R.** De ce qu'elle y trouve plus d'espace et à meilleur marché que dans Paris.

87. *Où ces développements sont-ils le plus considérables ?* — **R.** Dans la zone plate du Nord.

88. *Quelles sont les principales villes industrielles de cette zone ?* — **R.** Puteaux, Levallois, Clichy, Saint-Denis, Aubervilliers.

89. *Quel est le genre d'industrie qui occupe surtout les environs de Paris ?* — **R.** Les industries qui ont besoin de beaucoup d'espace : fonderies, teintureries, métallurgies, scieries, fabriques de produits chimiques.

90. *La zone du Nord est-elle la seule où se soit établie la grosse industrie ?* — **R.** Non ; il y a aussi des usines considérables dans la région plate où se trouvent Ivry, Vitry et Choisy-le-Roi.

91. *Les industries extractives sont-elles représentées dans* les environs de Paris? — **R.** Oui ; les environs de Paris sont très riches en matériaux de construction que l'on extrait du sol.

92. *D'où tire-t-on les pierres de taille?* — **R.** Des plateaux du Sud.

93. *D'où tire-t-on le plâtre?* — **R.** Des carrières de Cormeilles, de Vaujours, de Palaiseau.

94. *D'où tire-t-on le sable?* — **R.** Des plateaux de Meudon.

95. *D'où tire-t-on la pierre meulière?* — **R.** Des plateaux de Meudon et de la Brie.

96. *Quels étaient les principaux points fortifiés des environs avant 1870?* — **R.** Saint-Denis et le Mont-Valérien.

97. *Pourquoi les forts anciens ne peuvent-ils plus suffire à la défense de Paris?* — **R.** Parce qu'ils sont trop près et que les canons d'aujourd'hui ont une trop longue portée.

98. *Quels sont les anciens forts au Nord de Paris?* — **R.** Les forts de Saint-Denis et celui d'Aubervilliers.

99. *Quel était l'office des forts de Saint-Denis et d'Aubervilliers?* — **R.** Ils fermaient du côté de l'Est la zone plate du Nord.

100. *Quelle est la bataille qui fut livrée là pendant le siège de 1870-71?* — **R.** La bataille du Bourget.

101. *Quelle était, dans l'ancien système, la principale défense de Paris du côté de l'Ouest?* — **R.** Le Mont-Valérien, dominant tous les replis de la Seine.

102. *Quels étaient les forts du Sud?* — **R.** Ceux d'Issy, de Montrouge, de Bicêtre, d'Ivry, de Charenton.

103. *Quelle est la remarque que l'on doit faire sur les forts du Sud?* — **R.** C'est qu'ils étaient les plus voisins de Paris et qu'ils étaient dominés du côté du Sud par les hauteurs de Châtillon.

104. *Quel a été le résultat de la mauvaise position des forts du Sud?* — **R.** C'est qu'ils n'ont pas pu empêcher le bombardement de Paris par les Prussiens.

105. *Où sont situés les anciens forts de l'Est?* — **R.** Sur le bord extérieur du plateau de Belleville et de Ménilmontant.

106. *Quelle est la position qui domine les forts de l'Est?* — **R.** Le plateau d'Avron.

107. *Où a-t-on établi les nouveaux forts?* — **R.** Le plus souvent sur les points culminants où les Prussiens avaient établi leurs batteries.

108. *Où sont les forts du Nord?* — **R.** Sur les crêtes de Montmorency, d'Écouen et de Cormeilles.

109. *Où sont les forts du Sud-Ouest?* — **R.** Tout autour de Versailles, qui est compris maintenant dans la zone d'investissement de Paris.

110. *Où sont les forts de l'Est?* — **R.** Sur les hauts plateaux de l'Est, de Villeneuve-Saint-Georges à Vaujours.

111. *Les nouveaux forts forment-ils une ligne ininterrompue?* — **R.** Non; il y a trois lacunes : une de Cormeilles à Marly, une de Palaiseau à Villeneuve-Saint-Georges, une de Vaujours à Écouen.

112. *Y a-t-il vraiment trois lacunes dans la ligne de défense extérieure de Paris?* — **R.** Non; il n'y en a que deux. Entre Cormeilles et Marly, la Seine, en se repliant, forme un triple rempart à Paris.

113. *A quoi sont destinées les lacunes laissées dans la ligne de défense?* — **R.** Ce sont des parties basses, destinées à servir de champ de bataille sous la protection des forts qui les dominent.

TABLE DES MATIÈRES

Paris. — Imp. E. CAPIOMONT et Cⁱᵉ, rue des Poitevins, 6.

P. FONCIN

Atlas général d'Histoire et de Géographie

(sans texte), par M. P. FONCIN, docteur ès lettres, inspecteur général de l'Enseignement secondaire. — 1 vol. in-4° contenant 120 cartes, dont 48 historiques et 72 géographiques (*sous presse*).

Dans ses précédents ouvrages, M. Foncin s'est efforcé de mettre autant que possible le texte en face de la carte, persuadé que texte et carte se complètent et s'éclairent mutuellement. L'auteur ne pouvait cependant avoir la prétention de faire adopter sa méthode à tout le monde. Il y a d'excellents précis d'histoire ou de géographie dépourvus ou mal pourvus de cartes ; une foule d'ouvrages spéciaux appartenant au même domaine n'en sont point munis davantage. Ainsi dans une foule de cas l'élève, le lecteur, le professeur même ne sauraient se passer d'un *manuel de cartes*. Celui que nous offrons au public sous le titre d'**Atlas général (sans texte)** a été composé avec le plus grand soin et mis au courant des derniers travaux de la science ; il réunit en outre deux qualités précieuses, il est complet et en même temps facile à manier.

L'ouvrage se compose de deux parties : une partie historique et une partie géographique. Il compte 120 cartes dont 48 historiques et 72 géographiques compruntées pour la plupart aux ouvrages antérieurs de M. Foncin et par conséquent déjà rectifiées à plusieurs reprises dans cet infini de détails où des erreurs échappent longtemps à l'œil le plus exercé. Les cartes historiques correspondent autant que possible au programme général de l'enseignement dans les divers établissements d'instruction publique. Les cartes géographiques sont à dessin très variées : physiques, politiques ou économiques. On y a joint des profils de montagnes et de fonds de mers, des plans de ville et 134 dessins, choisis parmi les plus caractéristiques pour la représentation d'une époque ou d'un pays déterminés. Enfin une table alphabétique de tous les noms mentionnés sur les cartes facilite les recherches et équivaut à un dictionnaire abrégé.

P. FONCIN

Géographie historique, par M. P. FONCIN, docteur ès lettres, inspecteur général de l'enseignement secondaire. 1 vol. in-4°, contenant 48 cartes en regard de 48 pages de texte, avec 50 fig.   **6 »**

Approuvée par la Commission des livres de prix. — Honorée d'une souscription du ministère de l'Instruction publique.

Il n'existe aucun ouvrage semblable à la *Géographie historique* que nous offrons aujourd'hui au public, c'est-à-dire un Précis d'Histoire universelle très rapide, mais très substantiel, d'une lecture attachante malgré sa concision, illustré de gravures qui font connaître les types, les costumes, les mœurs des différents peuples et surtout accompagné de cartes qui suivent le texte pas à pas.

Cet ouvrage est divisé en quatre parties :

1° L'*Histoire ancienne* qui étudie les événements qui se sont produits chez les peuples de l'antiquité depuis le trentième siècle avant Jésus-Christ jusqu'au cinquième siècle de notre ère.

2° L'*Histoire du moyen âge* qui commence avec l'invasion des Barbares et se termine à la fin du quinzième siècle après la chute de l'empire Byzantin, l'invention de l'imprimerie et la découverte des Indes et de l'Amérique.

3° L'*Histoire moderne* qui part du quinzième siècle et s'arrête à la Révolution française.

4° L'*Histoire contemporaine* qui commence avec la Révolution et s'occupe surtout de l'Europe et de l'Amérique.

Dans chacune de ces grandes périodes l'histoire a à examiner deux sortes d'événements :

1° L'établissement des nations et la fondation des États c'est l'histoire de la **formation territoriale**, elle ne peut se faire qu'avec l'aide *de la géographie;*

2° Les transformations dans les usages, les mœurs, la religion, la science, l'organisation sociale et les institutions politiques des peuples; c'est l'histoire de la **civilisation.**

On trouvera ces deux études réunies dans cet atlas. Dans chacune des quatre périodes l'histoire territoriale placée en regard des cartes est suivie d'un abrégé des principaux événements de l'histoire de la civilisation.

Atlas général d'Histoire et de Géographie (sans texte), par M. P. FONCIN, inspecteur général de l'Université. (Voyez

DICTIONNAIRE A. GAZIER

Dictionnaire Français, par M. A. GAZIER, maître de conférences à la faculté des lettres de Paris. — *Vocabulaire français; Agriculture; Sciences; Histoire; Géographie; Hygiène; Industrie; Législation; Vie pratique.* 1 vol. in-12 de 800 pages; 19 cartes, 700 gravures, dont 70 figures d'ensemble, 1.000 articles encyclopédiques, cartonné.   2 60
Relié.   3 30

Le *Dictionnaire Gazier* se recommande, entre autres qualités, par la justesse et la simplicité des définitions. Chaque mot est expliqué d'une manière claire et précise, chaque sens du mot développé par un exemple choisi avec soin; cette précision est encore augmentée par l'indication des *synonymes* et des *contraires*.

Les figures n'ont pas été épargnées dans le *Dictionnaire Gazier*, non plus que les cartes. Ces dernières suffiraient à composer un atlas complet. Quant aux gravures, on s'est bien gardé de représenter les objets que l'enfant a quotidiennement sous les yeux; on a, au contraire, choisi des choses moins ordinaires, moins connues de lui, mais surtout on s'est attaché à donner des *figures d'ensemble*, les seules qui, dans certains cas, puissent vraiment instruire. S'il s'agit, par exemple, d'expliquer ce que sont les mâts de beaupré, de misaine ou d'artimon, les haubans, les huniers, etc., au lieu de placer en regard de chacun de ces mots un dessin nécessairement insuffisant, on a cru devoir renvoyer au mot *Navire*, où une figure d'ensemble fait bien connaître ce qu'on voulait expliquer.

A ces explications viennent s'en ajouter d'autres d'un caractère particulier : on a rangé sous la rubrique générale **Encyclopédie,** un certain nombre d'indications qu'on a jugées utiles et qui portent de préférence sur les choses de la vie pratique: hygiène, médecine domestique, législation, pédagogie, connaissances usuelles. Est-il nécessaire d'ajouter que ces articles encyclopédiques, au nombre de **mille** environ, ont été soumis à l'examen d'hommes spéciaux, et que l'on peut ainsi garantir l'exactitude des renseignements donnés au lecteur.

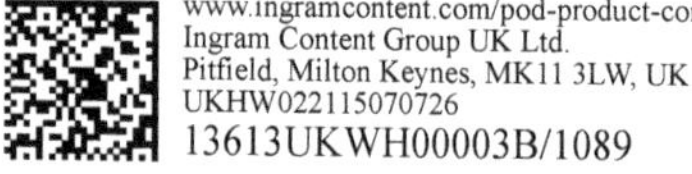
www.ingramcontent.com/pod-product-compliance
Ingram Content Group UK Ltd.
Pitfield, Milton Keynes, MK11 3LW, UK
UKHW022115070726
13613UKWH00003B/1089